高等院校学生挫折教育研究

王宇丹 著

中国矿业大学出版社

·徐州·

图书在版编目 (CIP) 数据

高等院校学生挫折教育研究 / 王宇丹著 . -- 徐州：中国矿业大学出版社，2024. 7. -- ISBN 978-7-5646-6351-3

I. G442

中国国家版本馆 CIP 数据核字第 202494WP11 号

书　　名 高等院校学生挫折教育研究

著　　者 王宇丹

责任编辑 史凤萍

出版发行 中国矿业大学出版社有限责任公司

（江苏省徐州市解放南路 邮编 221008）

营销热线（0516）83885370　83884103

出版服务（0516）83995789　83884920

网　　址 http://www.cumtp.com　E-mail: cumtpvip@cumtp.com

印　　刷 苏州市古得堡数码印刷有限公司

开　　本 787 mm × 1092 mm 1/16　**印张** 14　**字数** 179 千字

版次印次 2024 年 7 月第 1 版　2024 年 7 月第 1 次印刷

定　　价 48.00 元

序

挫折是人生不可避免要面对的问题。在挫折面前，有的人会深陷焦虑、忧郁等负面情绪之中，在巨大的压力下整个生活都被灰色的阴霾笼罩；也有的人可以将挫折带来的压力转化为促进自我不断完善和发展的动力，通过对挫折事件的积极有效应对，吹散阴霾，迎来更加色彩缤纷的生活。人在挫折情境中的不同表现与其抗挫折能力直接相关，挫折教育是提升个体抗挫折能力的有效途径。高等院校学生在其所处的特定人生阶段也同样会遇到各种形式的困难和压力，受到身心发展、成长经历和社会阅历等方面的限制，容易出现对挫折问题的错误认知，对其学习、生活甚至未来发展造成影响。因此，挫折教育是高等院校人才培养过程中不容忽视的重要工作。

笔者有多年高等院校学生教育管理工作经历，对于高等院校学生的心理特征和具体表现较为了解，熟悉高等院校学生思想教育工作的方法和手段，特别是在研究生期间，系统地对高等院校学生的挫折教育问题进行了学习和研究，对相关问题有了更深刻的理解和认识。凭着对高校学生教育管理工作事业的热爱和对高等院校学生心理健康发展的责任，将多年来对挫折教育工作的理论和实践认知加以整理，付梓成书，期望能够对高等院校的心理健康教育和挫折教育工作有所贡献。

本书共包括六章内容。第一章主要从挫折教育与心理健康的关系入手，探究了挫折教育对个体保持良好的心理健康水平的重要作用，阐述了挫折教育与心理健康的关系。第二章通过对我国高等教育事业发展历程和高等院校心理健康工作现状的介绍，论述了在高等院校开展挫折教育的现实意义，讨论了高等院校学生的心理特征，为后续挫折心理的产生原因研究进行理论铺垫。第三章主要论述了我国高等院校挫折教育研究工作的开展情况。在对高等院校挫折教育研究发展情况的综述过程中，介绍了挫折教育研究中常用的手段和方法。结合挫折教育研究中存在的研究内容浅显和缺少实践检验等问题，提出了对高等院校挫折教育研究发展方向的具体建议。第四章通过文献资料并结合自身工作经验，从性格特征、学业、情感和就业等方面分析了高等院校学生的挫折成因。第五章讨论了高等院校学生受挫后，在心理和行为上经常出现的消极、积极和妥协等三种表现。第六章论述了自主挫折教育、生命观教育等高等院校学生挫折教育的具体方法，并提出了在协同教育、“大思政”教育、“双创”教育等理念和实践背景下开展挫折教育的实施路径。

本书立足于提升高等院校学生抗挫折能力，从学生的心理特征、挫折成因、受挫表现和教育实践等方面较为详细地探讨了高等院校学生挫折教育问题，对高等院校的学生管理和心理健康教育工作者具有一定的参考价值。本书也可以作为高等院校学生实现自我心理认知和进行自主挫折教育的有益参考书。受个人水平所限，书中的一些观点仍不成熟，对于个别问题的探究也不够深入，存在很多的不足，请各位读者和专家谅解并不吝赐教。

王宇丹

鞍山师范学院

2024 年 4 月

目　录

第一章

绪　论

健康是人类正常参与各项社会活动的最基本保障，是人类最为关注和重视的问题之一。我国对于健康相关问题的研究历史悠久，早在殷商时代，就出现“健”“康”这两个字。其中“健”字是指人的精神表现和意志品质方面良好的状态，体现为积极乐观的精神和坚忍不拔的性格。《易传·象传》中说：“天行健，君子以自强不息；地势坤，君子以厚德载物”，意为天然的运动刚强劲健，君子的为人应该与天一致，自强不息，力求进步，以坚韧的品质不断发奋；大地吸收阳光滋润万物，君子也应该效仿大地，不断增厚美德，培养包容宽广的性格品质。句中的“健”字体现了对人们精神和性格的要求。“康”最早见于商代典籍《尚书·洪范》中的五福之说，五福中的第一福是“长寿”，第二福是“富贵”，第三福是“康宁”，第四福是“好德”，第五福是“善终”，其中“康宁”是指身体健康和身心安宁，据此可以知晓“康”字的意思主要是指身体器官机能的状态良好，没有疾病。

自古以来，健康就是人们非常注重的问题。古人很早就认识到，健康不仅指身体的健全无疾，还指思想的稳定无异。我国历史文化中体现出的健康含义与世界卫生组织提出的健康概念基本相同。1948 年，世界卫生组织正式提出健康的概念，认为健康不仅是没有疾病或不虚弱，还是一种在躯体、心理和社会等各个方面都能保持完美和谐的状态。目前，人们所公认的健康至少包含身体健康、心理健康和社会适应良好三方面的含义。

心理健康是人类健康的重要组成部分，对于个人生活和社会稳定都具有重要意义。良好的心理健康状况，不但可以使人保持积极向上的精神状态，促进身体机能的良性发展，还能提高人类参与社会工作时的质量和效率，减少和杜绝一些影响社会发展和稳定的不和谐因素。但就像人的身体会遇到疾病和损伤一样，由于个体差异和生活中的各种复杂环境影响，每个人也都会表现出心理健康方面的问题。这些心理问题的产生原因各不相同，有性格中与生俱来的原因，有成长过程中思维变化导致的结果，也有外界条件刺激引发的心理变化。受挫是引发心理健康问题的重要外因，也是目前除先天原因和身体健康原因外最为重要的心理问题诱因，在外界挫折因素的作用下，人的心理会产生相应的负面情绪，严重时则会转化为心理疾病，影响人的正常意识和行为。

在心理健康研究层面，高等院校学生是一类具有鲜明特点的群体，其所处的生长阶段和自身成长经历使其容易遇到多因素的挫折问题，也更容易受到挫折影响而导致心理健康问题。因此，有必要对高等院校学生的心理健康与挫折教育进行探讨，寻找通过科学的挫折教育方法解决其心理健康问题的途径。

第一节　心理健康概述

一、心理健康的定义

心理健康的基本含义是指心理的各个方面及活动过程处于一种良好或正常的状态。心理健康的理想状态是保持性格完美、智力正常、认知正确、情感适当、意志合理、态度积极、行为恰当、适应良好的状态。

心理健康所包含的内容非常广泛，普遍意义上的心理健康包括智力正常、情绪健康、意志健全、行为协调、人际关系适应、反应适度和心理特点符合年龄等七方面内容。心理学家从以下方面建立了心理健康的评价标准，分别是有适度的安全感，有自尊心，对自我成就有价值感；适度地自我批评，不过分夸耀自己也不过分苛责自己；在日常生活中，具有适度的主动性，不为环境所左右；理智、现实、客观，与现实有良好的接触，能容忍生活中挫折的打击，无过度的幻想；适度地接受个人的需要，并具有满足此种需要的能力；有自知之明，了解自己的动机和目的，能对自己的能力作客观的估计；能保持人格的完整与和谐，个人的价值观能适应社会的标准，对自己的工作能集中注意力；有切合实际的生活目标；具有从经验中学习的能力，能根据环境的需要改变自己；有良好的人际关系，有爱人的能力和被爱的能力；在不违背社会标准的前提下，能保持自己的个性，既不过分迎合，也不过分寻求社会赞许，有个人独立的意见，有判断是非的标准。

可以看出，按照上述评价标准，每个人都很难符合心理完全健康的状态，都会在心理上存在或多或少的问题。因此，如何及时发现和解决心理问题，使人的精神状态和性格品质更符合个人和社会发展的需要，得到了广泛的关注和研究。

国外对心理健康方面的研究源于18世纪，法国人菲利普·皮内尔被称为现代精神医学之父，是以人道主义态度对待精神病患者的先驱。皮内尔医生出生于法国南部的一个乡村家庭，在其生活的年代，受科技和文化水平的限制，精神病人经常被认为是被邪恶和鬼怪缠身的结果，因此精神病人会遭受很多不人道的对待；对于这类病人的治疗和管理也缺乏科学合理的方法，甚至对病人造成了更大的伤害。皮内尔的一位患精神病的朋友，在一次病情发作时从精神病院逃出，最后自杀，这极大地震撼了皮内尔，使其开始审视医院在精神病人治疗和管理方面存在的问题，并开始了精神病学的研究工作。他对精神病患者的资料进行收集和分析，并秉承人性化对待病人的态度，在一些病人中开展心理治疗。皮内尔医生人道地对待病人的手段取得了良好的效果，许多病人在治疗后病情得到缓解和改善。他在《论精神错乱》一书中详细描述了自己所遇到的精神病例，表达了采用更人道的方式进行精神病治疗的观点，同时他还把人的异常行为与大脑某种可能的机能障碍相联系，开创了心理卫生运动。

美国人比尔斯是推动近代心理卫生运动发展的又一重要人物，他出生于美国康涅狄格州，就读于耶鲁大学。由于担心自己会和哥哥一样患上癫痫病，比尔斯长期处于恐惧与焦虑的状态中，导致精神失常住进精神病院。入院的3年时间内，他受到了种种粗暴而残酷的对待，但苦难的折磨非但没有击垮他，反而使他树立了改善精神病患待遇、致力精神卫生工作的信念。疾病治愈后，他根据自身经历撰写的《一颗失而复得的心》（或译为《自觉之心》）于1908年出版。20世纪初，世界发生的巨大变革使人们的心理压力陡增，心理疾病的预防成了当时社会急需解决的问题，比尔斯的著作引起了很大的社会反响，也与欧洲正在兴起的心理分析研究遥相呼应，使心理健康和心理卫生得到越来越多人的关注。1908年5月，世界上第一个心理卫生协会“康涅狄格州心理卫生协会”在比尔斯的家乡成立，心理卫生运动进入新的发展阶段。1930年5月5日，国际心理卫生委员会在华盛顿成立，心理健康和心理卫生观念逐渐被人们接受，心理健康和心理卫生事业在世界范围内迅速发展。美国、英国、法国和日本等国家很早就在学校开设了心理健康教育的专门机构，由校内教师、心理专家、社会工作者和医生等共同开展学生的心理健康研究和教育咨询工作。

我国的心理卫生工作开始得也较早，国际心理卫生委员会成立时，我国也派出代表参加，并于1936年4月在南京成立“中国心理卫生协会”。虽然起步非常早，但我国的心理卫生事业发展却比较缓慢，真正开始受到重视是从20世纪80年代开始的。1985年，我国在山东泰安召开中国心理卫生协会成立大会；1986年，班华教授第一次提出“心育”的概念，在教育界引起极大轰动，一些学者和研究机构开始对我国学校中学生的心理健康问题进行调查研究，并对国外心理咨询理论与技术进行介绍。中国心理卫生协会的成立以及相关机构和学者开展的各项学术研究，为今后心理健康教育的开展做了前期准备。1984年，我国部分高校开始设立心理咨询中心，国外心理咨询和辅导的经验做法也不断被我国学习和掌握。

进入21世纪以来，国家更加重视高校心理健康教育。2001年3月，第九届全国人民代表大会第四次会议通过的《中华人民共和国国民经济和社会发展第十个五年计划纲要》中提到重视和加强青少年心理健康教育。

2001年3月，《教育部关于加强普通高等学校大学生心理健康教育工作的意见》发布。2002年4月和2002年8月，教育部分别印发《普通高等学校大学生心理健康教育工作实施纲要（试行）》和《中小学心理健康教育指导纲要》，2004年7月，教育部颁发《中等职业学校学生心理健康教育指导纲要》，这三个文件从指导思想和基本原则、目标与任务、主要内容、途径和方法、组织实施等方面对大中小学心理健康教育提出具体要求。心理健康教育开始纳入“学校评估”体系，我国心理健康教育进入快速发展时期。

二、心理健康研究的意义

心理健康问题对个人至关重要，一旦产生心理问题，极有可能对个人情绪、人际关系、认知判断、社会功能乃至生理健康产生重要影响，因此必须认识到心理健康对个体的影响，避免心理健康问题对个人的损害。心理健康问题对个人的影响主要表现在以下方面。

（一）心理健康对个人情绪的影响

情绪是人对客观事物的态度体验以及相应的行为反应，情绪在人类生活中具有重要作用，是人对感受到的外界环境的认知和表达，并影响对外界环境做出的判断和反应。

情绪可以简单地划分为积极和消极两类，积极的情绪反映出人对外界环境愉快的感受，会做出有利于自身和外界环境的判断和举动。消极的情绪则表现出对外界环境的不良认知，会产生恐惧、孤独、仇恨等负面感受，并会做出对自身和外界环境的损伤、破坏等行为。健康的心理有助于情绪的掌控和调节，将积极情绪和消极情绪都控制在一个相对合理的阈值范围内，降低情绪对人行为的过度影响。当出现令人愉快的积极情绪时，应通过适度心理调节降低兴奋程度，避免出现盲目自大、过于自信的情况。当出现令人恐惧、沮丧等负面情绪时，又应快速进入理性思考，冷静面对苦难，调整心情走出低谷，避免对自身和周围环境的损害和后悔莫及的被动情况出现。

（二）心理健康对人际关系的影响

人际关系指人们在人际交往过程中结成的心理关系和心理上表现出的距离。心理健康对人际互动和社交关系有非常重要的影响，良好的心理状态可以产生包容、理解、关怀、自信和自尊等积极的思想和情绪，使个体在人际交往中更好地把握他人和自身的情感，表现出有助于人际互动的语言和行为，进而为自身营造出良好的人际交往氛围。心理健康一旦出现问题，就很有可能影响人际交往，例如由自我认知不足产生的“社牛”“社恐”症状，由情感不当表现出的社交冷漠、人际疏远，情绪控制能力弱导致的社交冲突等。这些由于心理健康问题造成的人际关系矛盾会极大地影响个人的生活和工作，而糟糕的人际交往状态又会反作用于个人，使个人的心理健康状况变得更差。因此，在人际交往过程中一定要保持健康的心理状态，力求建立积极、和谐和令人舒适的人际交往环境。

（三）心理健康对认知判断的影响

认知判断是一种人类意识活动，是个体对客观世界认识过程中产生的信息进行加工和分析，进而产生对事物概念的判断和对事物规律的总结的活动。准确的认知判断能力可以保证个体以最合理的方式进行自我规划和参与社会活动，对个人的完善和发展有重要意义。

认知判断能力受到生活经验、学习经历、价值标准和情感取向等诸多因素的影响，心理健康水平也是重要的影响因素之一。焦虑、抑郁、恐惧等负面心理会直接影响人的学习能力和效果，导致学习过程中注意力无法集中、接受知识的能力和效果差以及出现对具体事物的认知偏差，进而造成判断能力的下降。心理问题还会使人产生犹豫不决、选择困难等认知判断问题，影响决策能力和创造能力，使人在面临问题时出现因为无法做出最科学合理的认知判断而身陷被动的局面。

（四）心理健康对社会功能的影响

马克思在批判费尔巴哈旧唯物主义时提出，人的本质不是单个人所固有的抽象物，在其现实性上，它是一切社会关系的总和。这充分表明人是具有社会属性的，相应的也需要表现出一定的社会功能，也就是要在社会的发展中体现出自身的价值和作用。

人的社会功能可以概括为学习、生活、工作和社交等几个方面，正常地开展这些社会活动，既可以在体现社会功能的过程中推动社会发展，也可以实现人自身的社会价值。在人的社会活动中，会出现无法正常进行学习、生活、工作和社会交往的情况，即表现出社会功能的损坏。社会功能损坏的原因很多，但通常都是与人的心理健康问题相关的。心理因素会导致个人在社会活动中产生困惑、烦恼等情绪，一旦达到不能正常体现社会功能的程度，就应引起注意并及时调整。

（五）心理健康对生理健康的影响

身体的不适和疾病能够被人们直接感受，因此生理健康的问题很容易受到重视。为了保持身体的健康，古今中外的医学工作者开展了大量的研究和实践工作，使得人类有更多的方法应对生理上出现的问题。同时，如何通过调养、锻炼和其他的方法增强体魄、提升身体机能，也早已被广泛关注。《本草纲目》《黄帝内经》等古典文献与现代医学的各种理论和方法的研究都体现出了人类对生理健康的重视。

在关注生理健康的同时，也不能忽视心理健康方面的内容。前文中提到，“健康”二字既代表人的身体机能，也包括人的思想意识，谈健康问题必须将生理和心理联系起来，不能割裂地谈其中某一项。心理健康和生理健康是相互影响的，生理健康是心理健康的载体和前提，心理健康是生理健康的条件和保障。心理健康时刻影响着人的生理健康。《素问·阴阳应象大论》中提及“肝在志为怒，心在志为喜，脾在志为思，肺在志为忧，肾在志为恐”，说明了情绪与人体脏器间的联系。人都有喜、怒、忧、思、悲、恐、惊七种情绪活动，或者说是七种心理状态，当某种情绪体验过于强烈或持久，超越了人体的生理和心理适应能力时，则可能损伤与之相对应的脏腑，导致或诱发相应的疾病，产生生理健康问题，这也是人们常说的七情内伤。由此可见，心理健康问题对身体机能的影响很大，需要最大限度发挥心理健康的积极作用，促进生理健康良好发展。

（六）心理健康对社会环境的影响

在对个人产生重要影响的同时，心理健康问题也会作用于社会环境。由于心理健康问题会直接影响个人的情绪、社会交往和认知判断等，而人类个体又是构成社会和参与社会活动的基本单位，因此，心理健康问题作用于人类个体后必然会对社会环境产生影响。

日常社会活动中，心理健康问题可能导致个人情绪的波动和不稳定，出现自闭、社交隔离和无法与他人良好合作等现象，使其难以建立良好的人际关系。心理健康问题还会带来较多消极的负面情绪，影响学习、工作和参与社会活动的质量。上述问题的出现在对个人产生影响的同时，也必然会降低个人的社会贡献率，影响社会的发展。

心理健康问题不但会降低个人对社会发展的推动作用，还可能会起到一些影响社会安全的负作用。近年来，抢夺司机方向盘等由于情绪控制不当产生的危害公共安全的事件屡屡出现，特别是2018年发生在重庆的因坐过站抢夺公交驾驶员方向盘的案件，造成车辆坠江，十余名乘客死亡。日常生活中经常出现的路怒、言语和肢体冲突等现象，绝大部分是因为情绪突然爆发而产生的。这些事件的产生与个人的心理健康关系很大，如果能在平时注重心理健康问题，做好情绪的管理和控制，就能避免很多此类冲突，减少由于小事诱发的对个人和社会的严重伤害。

心理健康问题不但表现在情绪问题导致的偶发事件上，还可能使人逐渐形成偏执、嫉妒、狭隘等各种不健康心理，长期积累后形成各种扭曲和变态人格，进而演化成对他人的伤害或对社会的报复，造成严重的后果。大学校园里的霸凌、伤害、杀人、爆炸等案件和事件的发生，都存在一定的心理健康问题因素。一些日积月累的心理问题得不到关注和治疗，在特定的外因诱导下就会转化为犯罪分子危害他人和社会的行为举动。

心理健康问题的研究无论是对个人发展还是社会进步都具有重要的意义，容易被忽视的心理问题不但影响到个体工作、生活的各个方面，还可能对社会的稳定与和谐构成潜在威胁。关注心理健康问题并采用科学有效的方法提升人们的心理健康水平，必将会有效提升人们的生活质量，推动社会的和谐进步与快速发展。

三、我国心理健康事业现状

我国的心理健康工作虽然起步较晚，但在改革开放后取得了很多成绩。特别是近二十年来，国家对心理健康事业的发展给予了更多的政策关注和物质支持，人们对心理健康问题的关注度极大提升，我国的心理健康事业快速发展。

（一）我国心理健康事业的发展阶段

心理健康事业在我国的发展可分为起步期、恢复期、发展期和壮大期四个阶段。

1. 我国心理健康事业的起步期

我国心理健康事业的起步期可以追溯到1898年2月，美国传教士嘉约翰在广州芳村开设惠爱医癫院，这是我国第一所精神病专科医院。当时国内对精神病类人员并无集中管理和治疗的模式，而该医院采用当时正在欧洲和美国兴起的人性化、道德化对待精神病患的理念，在当地开展了相关的医疗工作。此后，我国的北平（今北京）、哈尔滨、上海等城市也先后建立了精神病专科医院。1922年，在北平协和医院（今北京协和医院）成立了我国第一个精神科专业教学机构。这一阶段的心理健康工作主要是对精神疾病患者的治疗干预，以临床实践工作为主。受当时历史背景的影响，新中国成立前我国心理健康事业发展极为缓慢，1949年年底，全国的精神卫生机构不足十家，专业的医师仅有几十人，绝大多数的精神疾病患者得不到有效的治疗。

2. 我国心理健康事业的恢复期

新中国成立后，精神卫生疾病得到了国家的关注，心理健康事业进入了恢复期。1951年，粟宗华的《精神病学概论》出版，这是新中国成立后我国出版的第一本精神病学专著，也是中国第一本用本国资料介绍精神病知识的教科书。1957年年底，我国的精神卫生机构已经达到70余家，从业医师400余人。1958年，第一次全国精神卫生工作会议在南京召开，会议制定了1958—1962年精神卫生工作的五年计划，提出了“积极防治，就地管理，重点收容，开放治疗”的精神卫生工作指导原则，建议各地建立区域精神卫生医疗中心开展服务。精神卫生人才培训和科研工作也在此时受到重视并开展，当时世界上先进的精神病学理论和方法开始在我国应用，心理健康事业在我国逐步恢复。

3. 我国心理健康事业的发展期

1978年后，随着改革开放的深入发展，心理健康事业进入快速发展期。在精神卫生工作者和全社会的共同努力下，我国在心理疾病诊治和精神卫生预防体系建设等方面取得长足发展，精神卫生机构增加到300多所，各类精神卫生从业人员达到5万余人，精神医学方面的教学和科研工作也蓬勃开展，与国外的合作交流日益增多，精神卫生事业在机构数量和工作质量上都有明显提高和改善。

1986年10月，在上海召开了第二次全国精神卫生工作会议。会后，国务院批转了由卫生部、公安部和民政部共同签发的《关于加强精神卫生工作的意见》，制定了《精神卫生工作“七五”计划》。当时，大量海外留学人员回国，将国外的心理咨询活动和心理健康教育理念带回国内，“心育”的概念也在这一时期出现并取得发展。

1985年6月，北京师范大学成立了我国第一个心理咨询和测量服务中心。随后，清华大学、浙江大学等高校也先后建立了心理咨询机构。到1986年年底，我国已经有30余所高校建立了大学生心理咨询中心，浙江大学还于1987年率先开设了大学生心理卫生课，心理健康教育在高校内开始流行和发展。

中小学生心理健康教育也在20世纪80年代末得到重视和开展。1989年，全国第一家研究和推广中小学和幼儿园心理健康教育工作的专门机构——上海市中小学心理辅导学会成立，开启了我国对未成年人心理健康教育的工作。1997年，教育部颁布了《九年义务教育小学思想品德和初中思想政治课课程标准（试行)》，要求在初中阶段开展学生心理品质的教育和培养，虽然没有全国统一教材，但国内的中学校园已经普遍形成了开展校内心理健康教育的意识。1999年8月，教育部发布《关于加强中小学心理健康教育的若干意见》，首次对中小学心理健康教育做出具体的要求和规定，进一步推动了心理健康教育在中小学的蓬勃发展。

4. 我国心理健康事业的壮大期

进入21世纪，我国的心理健康事业进入壮大期。2001年，由卫生部、民政部、公安部和中国残疾人联合会共同举办的全国第三次精神卫生工作会议在北京召开，会议提出了“预防为主，防治结合，重点干预，广泛覆盖，依法管理”的精神卫生工作指导原则，我国的精神卫生工作进入快速发展期。

2001年和2002年，教育部先后颁发《关于加强普通高等学校大学生心理健康教育工作的意见》《普通高等学校大学生心理健康教育工作实施纲要（试行)》《中小学心理健康教育指导纲要》，有力促进了心理健康教育工作在学校内的壮大，高校的心理学课程教学和科研工作蓬勃发展，心理学教学中心和研究机构大量增加。社会心理咨询服务也在此时进入大众视线，心理咨询师数量不断增加，人们愈加关心和重视心理健康问题。

2013年5月1日，《中华人民共和国精神卫生法》正式实施，首次以法律的形式对我国的精神卫生工作做出了要求和规定，精神健康事业也开始向更规范、更科学的方向迈进。为了进一步增强国民对心理健康问题的重视，掌握人民群众精神健康态势和相关工作发展状况，中国科学院心理研究所自2019年开始发布被称为“心理健康蓝皮书”的《中国国民心理健康发展报告》。“心理健康蓝皮书”对各个时期人们的心理健康发展变化情况的统计更加细致，得出的结论更加可靠，也为相应的精神卫生政策调整和实施提供了更有针对性的参考依据。

在国家和社会的共同努力下，我国的心理健康事业逐步发展壮大，目前正以良好的发展态势在国民生产、生活的各个领域发挥重要作用。

（二）我国居民心理健康状况现状

虽然我国对心理健康的关注度越来越高，在精神疾病的预防与治疗方面也取得了非常大的成绩，但近些年来，由于心理因素带来的健康问题和所产生的负面社会影响仍然非常突出，我国居民的心理健康状况不容乐观。

2017—2018年的国民心理健康相关调查报告中指出，虽然我国绝大部分居民的心理健康状况良好，但是城镇人口中仍有10%～15%的人有中轻度心理问题，2%～3%的人有中重度心理问题。这些心理问题的产生是与我国近年来社会和经济的高速发展密切相关的。人们在参与社会发展过程中感受到了更多的外部压力，诸如学业压力、就业压力、生活压力、职场压力、社交压力等问题无时无刻不在影响和困扰着人们的精神健康，心理健康问题也日渐成为精神卫生领域最为重要的和突出的问题。

由于人民群众心理健康意识的增强和心理健康服务水平的提升，国民的心理健康状况有所改善。在2020年度的国民心理健康调查中发现，94%的被调查对象认为心理健康问题很重要，明显高于以往类似调查结果。心理健康意识的增强也直接作用于个人的心理建设和调整，更多的被调查对象认为自己与周围环境和人的相处更为和谐，对未来的工作和生活持更为乐观的态度。可以看出，只要心理健康问题得到社会和个人的足够关注，并能够通过科学的手段理清每个阶段心理健康问题的主要成因和发展规律，主动发现和积极解决相关问题，就一定会促进国民心理健康的良性发展。

《中国国民心理健康发展报告（2019—2020）》系统分析了每个阶段我国居民心理健康水平及影响因子。调查发现，地域、性别、职业、收入、社交和运动等多个因素都或多或少会对个体心理健康情况产生影响。例如，地域影响方面，东部地区的抑郁检出率明显低于中部和西部地区；职业影响方面，无业和失业人群的心理健康水平明显低于在职人员。在各类因素中，较为显著的是年龄差异对心理健康的影响。为了研究不同年龄人群的心理健康指数，将被调查人群按年龄划分为 18 ~ 24 岁、25 ~ 34 岁、35 ~ 44 岁及 45 岁以上四个类别，分别代表青年、中青年、中年和中老年四个阶段。通过对四类人群心理健康状况的调查研究，发现心理健康指数随年龄的增长而提升，18 ~ 24 岁人群的心理健康指数明显低于其他年龄段。在抑郁调查方面，青少年抑郁检出率为 24.6%，其中重度抑郁为 7.4%。以上调查结果表明，心理健康问题在我国青年群体中表现得较为突出，需要特别重视青年心理健康问题的防范与治疗。

新冠疫情不仅重创了社会和经济的发展，同时也对世界人民的心理健康产生重大影响。国家对疫情可能带来的心理问题进行了积极应对，通过各种形式的调节和疏导，有效缓解了群众的焦虑、恐慌和茫然等思想情绪，对保持疫情期间的群众心理健康起到了积极作用。《中国国民心理健康发展报告（2021—2022）》从抑郁和焦虑两个方面对这一时期我国居民心理健康状况进行分析，结果显示，超过80%的成年人自评心理健康状况良好。在抽样调查的6 859份成年人群样本中，18～24岁年龄组的抑郁风险检出率达24.1%，25～34岁年龄组的抑郁风险检出率为12.3%，这两个年龄段的抑郁风险检出率显著高于35岁以上各年龄组。焦虑风险检出率也呈现出类似的年龄特点。由此可见，青年人群仍是目前和今后一段时期我国心理健康问题的重要关注对象。

（三）我国心理健康工作发展方向

对我国居民的心理健康状况的调研分析结果表明，目前国民的心理健康意识不断增强，对心理疾病的认识更为科学，并且国家经济的不断发展和物质生活水平的日益提升，又为国民心理健康水平的提升创造了良好的物质环境。但相关的心理健康调查数据也反映出，在心理健康工作持续向好的同时，抑郁、焦虑等问题仍然较多存在于我国居民特别是青少年群体中，我国的心理健康工作也需要进一步结合现实情况，明确关注重点和发展方向。

结合我国心理健康工作实际情况，今后的工作重点应瞄准以下三个方面。

一是要强化对心理健康状况及发展规律的调查研究工作。每一种事物都有其自身发展和变化的规律，全面了解事物现实状况并充分掌握其发展规律，对于人类控制事物向有益方向发展具有重要意义。心理健康工作也是一样，只有充分把握不同时期人们的心理健康现状和变化情况，才能正确分析心理健康问题的主要产生因素，进而对解决方案的制定提供决策依据。必须将国民心理健康状况的调查分析作为重点工作，在总结心理健康情况各项基本数据的基础上，把握蕴含其中的心理健康问题变化规律，使我国的心理健康事业向着预期的方向发展。

二是要提升心理健康疾病的防控和诊疗的实际效果。心理健康问题在我国已经得到了广泛的关注，并积累了很多好的防控和治疗经验。但综合来看，目前我国心理辅导和咨询行业发展有待进一步完善和规范，心理健康疾病的防控和诊疗工作仍有较大提升空间。由于缺少必要的宣传和引导，一些有心理辅导需求的人群在寻求帮助时存在顾虑，有的人甚至不知道在出现心理问题时应该通过何种渠道获得帮助，这极大限制了心理健康机构作用的充分发挥。即使是在普遍设有心理援助机构和人员的各级各类学校内，许多学生对于心理援助机构也不太了解，出现心理健康问题后很难得到及时有效的疏导。此外，我国目前从事心理健康工作人员的专业性和能力也有待加强。随着国家对精神卫生事业的重视和社会对心理健康问题的关注，精神卫生机构和心理健康工作从业人员数量迅速增加，心理健康问题的防控和诊疗水平不断提高，但其中也存在从业机构良莠不齐、经营不规范和执业人员能力不足等许多问题。许多从事心理咨询行业的人员并没有医学、心理学或哲学等相关专业背景，甚至没有系统学习过心理健康相关专业知识。学校内的学生心理辅导工作，也多是由校医、辅导员、班主任等人员负责开展。由于缺少专门的培训和实践检验，许多人的工作方法和技能水平不高，难以胜任心理辅导工作。因此，需要在心理健康工作从业人员培养方面投入更大精力，全面提升社会和学校层面的心理健康问题防控和疏导能力，并通过积极开展心理疾病治疗的研究和交流，增强我国心理健康疾病诊疗的实际效果。

三是要强化对重点人群心理健康问题的防控和治疗。我国心理健康研究人员开展的卓有成效的调研工作，准确地反映出了不同时期国民的心理健康变化情况，也为我国心理健康工作重点指明了方向。近几年的统计数据表明，青少年是存在心理健康问题的高风险人群，出现抑郁、焦虑等心理问题的比率明显高于其他年龄段人群。因此，我国未来的心理健康工作的重点之一应放在青少年精神卫生疾病的防控与治疗上。应针对性地分析中小学、大学和步入社会阶段青少年的心理特点，明确各阶段青少年心理问题的主要诱因，结合问题提出青少年心理健康问题的防控策略，并更精准地制定出靶向疏导和治疗方案，提升我国青少年人群的心理健康水平。

第二节　挫折与挫折教育

一、挫折定义及挫折理论研究

（一）挫折定义

挫折中的“挫”字是打击和阻碍的意思，“折”字体现了损失、挫败的意思，两字结合构成“挫折”一词，表示人们在实现某种目的的活动中，遇到无法克服或自以为无法克服的打击和阻碍，使其需要或动机不能得到满足，而产生了损失感和挫败感。在心理学上，挫折是指人们在行为受到阻碍后而反映出的负面心理状态和不良情绪。

挫折的产生受三方面因素的影响，分别是挫折情境、挫折认知和挫折反应。

挫折情境是指在人们在实现某种目的的活动过程中，产生阻碍或干扰的外部条件或环境因素，构成挫折情境的因素可能是接触到的人或事件，也可能是周边的事物、所处的社会环境以及自然环境等。

挫折认知是指人类个体对挫折情境的感知、认识和评价。由于人类个体的差异，每个人对周边事物和环境的感知和认识都有所不同，而这种感知和认识上的差距，会直接影响其对所处挫折情境的评价。挫折情境虽然会对人的心理产生影响，但其产生作用的前提是被个体感知和认识，同样的人对不同情境产生的认知和评价大相径庭。例如，虽然身边存在着一定的挫折情境，但有的个体根本没有感知和认识到，或者即使感知到此情境存在，也只是将其评价为微不足道的挫折情境，那这类个体就不容易在此情境中表现出挫折反应。正如，有的人在阴雨天会莫名感到压抑和低落，而有的人却会在其中体会到烟雨蒙蒙的诗情画意。

挫折反应就是人们常说的挫折感，它是指人类个体面对挫折情境时，基于挫折认知而反映出的心理感受和情绪表现，主要包括抑郁、焦虑、烦躁、愤怒和低落等负面状态。挫折反应体现了个体在挫折情境中的状态，直接影响到个体的身心健康发展，左右个体对挫折情境的应对方式和采取的行为举动。

（二）挫折理论研究

1879 年，威廉·冯特在德国莱比锡大学建立了世界上第一个专门研究心理学的实验室，心理学从此成为一门独立的学科。自心理学创立之后，挫折理论就成为西方学者的重要研究内容。当时的研究内容多为挫折情绪产生和受挫反应方面的理论，研究的成果也主要用于心理学分析和精神类疾病的临床治疗。

在挫折情绪产生的理论方面，比较有代表性的是美国心理学家阿尔伯特·艾利斯于 20 世纪 50 年代提出的“情绪调节 ABC”理论。该理论认为，人的情绪产生可以看作一个由 A、B、C 三个事件构成的过程。其中 A 指诱发性事件，即导致挫折的事件。B 指对挫折产生的认知和信念，即个体对某件事的想法、解释和评价。C 指在特定的情境中个体的情绪反应和行为后果。通常，人们认为情绪反应和行为后果是由诱发性事件引起的，即 A 引起 C，但情绪调节 ABC 理论指出，诱发事件 A 只是引起情绪及行为反应 C 的间接原因，人们在遭遇诱发事件后产生的认知和信念 B，才是引起人的情绪及行为反应的直接的原因。因此，可以通过调节认知和情绪的方法，改善挫折情境中的情绪反应和行为表现。

此外，西方的心理学家还从本能论、心理系统理论和社会文化理论等方面研究了挫折情绪的产生原因。美国心理学家威廉·麦独孤从本能论的角度解释了挫折情绪的产生原因。他认为本能是一种遗传的或先天的生物倾向，本能的存在决定了生物能去感知和关注客观事物，并同时体验到对应的情绪。麦独孤举出 12 种本能，如觅食、母爱、逃避、好奇、合群、争斗、性驱力、创造、服从、获取、支配、排斥等。他的理论表明，生物的每一种本能活动都具有一定的目的，会使其驱向目标，同时在本能活动中也都包含一个情绪内核，有情绪的伴随。

德裔美国心理学家库尔特·卢因从心理系统理论方面解释了挫折情绪的产生。他认为当内心需求得不到满足时，所产生的紧张状态会引发挫折感，一旦得到满足则能够有效避免挫折情绪的产生。

社会文化理论的典型代表人物是美国的精神医学家哈里·斯塔克·沙利文，他是精神分析的社会文化学派主要代表人物之一。他将精神医学界定为研究人际关系的科学，认为人际关系对人格的形成和精神表现具有重要影响。他提出，挫折感的产生是由于个人的“自我实现”与“向上意志”被压制所导致的，应重视社会对个人的尊重、改善人际关系，以此减少挫折的产生。

受挫反应和表现也是早期挫折理论的研究方向，比较有代表性的是多拉德的受挫攻击理论。美国心理学家和社会学家约翰·多拉德于 1939 年和 N. 米勒合著《挫折和攻击》一书，在书中，他们介绍了用小白鼠做的转移攻击实验。研究人员将两只白鼠放在笼中，在对它们站立的铁板通电后发现，白鼠会互相攻击，好像认为是对方白鼠引来的电击。将其中一只白鼠拿走后，另一只白鼠在遭到电击时会攻击旁边站立的橡皮娃娃以泄愤。通过实验，多拉德分析了弗洛伊德关于挫折导致攻击的思想，提出挫折攻击理论，认为当个体在追求目标的过程中遇到某种阻碍后，会产生一种情感上的敌意和愤恨，进而转化成攻击的冲动。此后，N. 米勒将其修正为“挫折可能导致多种不同的行为反应，而攻击性反应则属其中最普遍的一种”。

除了受挫攻击理论外，西方的心理学家还陆续提出了挫折倒退假说、挫折固着假说和挫折奋进假说等理论，通过心理学的实验方法和研究手段分析了挫折反应问题。例如，基于美国心理学家梅尔在 1931 年进行的一次摆荡结绳实验提出的挫折固着假说，就体现了个体在挫折情境下会出现思想僵化、行为固执的状态。

二、挫折教育的含义及产生

（一）挫折教育的含义

通常认为，挫折教育包括两方面的含义。

一方面的含义体现在对挫折教育的字面理解上，即一种教育的方式和方法。具体可以将其理解为是一种通过主动设置挫折情境让受教育者在其中遭受挫折，并且在此教育过程中不断使其改善挫折认知，激发抗挫折能力的教育学方法。挫折教育的方法很早就在人类的教育实践中有所体现，古今中外都有通过营造逆境，培养、磨炼受教育人意志品质，而使其日后成功成才的故事和传说。挫折教育多见于对少年儿童的培养，如日本的冬天穿短衣开展户外运动、独自乘坐校车上学等儿童教育方法。近年来网络上报道的以蔡美儿和萧百佑为代表的“虎妈”和“狼爸”式的子女培养方式，也体现了典型的少年儿童挫折教育方式。挫折教育固然可以在一定程度上磨炼儿童的意志，提高其抗打击能力，但教育过程中施教者的掌控能力、挫折情境设置尺度的把握以及教育对象的承受水平等许多方面都会影响到最终的效果，有时甚至出现事与愿违、适得其反的结果。因此，学界和社会对于挫折教育的质疑从未停止，需要对这种教育方式进行更加科学深入的研究，以更好地发挥挫折教育的积极作用。

挫折教育的另一层含义体现在其所要实现的目的和达到的效果上，是要通过挫折教育的方式，使被教育者在认知、情绪和行动等方面都能建立起对挫折情境的积极应对策略，将挫折问题带来的负面影响降到最小，因此，挫折教育也具有抗挫折教育的意思。挫折教育目的和效果的实现，既需要通过传统挫折教育方式锻炼抗挫能力，还需要针对性地分析不同类型人群挫折情境的产生原因，科学地提出改善个体挫折认知的具体方法。也就是说，挫折教育不仅是对被教育对象意志品质的锻炼，还包括对其挫折应对能力的提升，使其在面对挫折时具备更随机应变的心理调节能力和更符合社会价值观的行为适应能力。因此，挫折教育还有提升被教育人群抗挫力、耐挫力的意义。

（二）挫折教育的产生

我国的挫折教育研究工作始于20世纪90年代，杨曙明在《中小学“耐挫折”教育论略》一文中较为详细地论述了在中小学生中开展抗挫折教育的意义和具体的方法。在这之后，大学生的抗挫折教育也逐渐进入研究者的视线，并成为该领域的重点研究方向。

三、挫折教育研究的发展和意义

（一）挫折教育研究的发展

随着挫折的产生、挫折的反应等挫折理论的不断出现，有关挫折教育的研究工作也逐渐得到重视和开展。

1. 国外挫折教育研究的发展

美国是较早开始对挫折教育相关问题进行探索和实践的国家。美国的普林斯顿大学早在1910年就将挫折教育列入大学法案，并于1956年召开了国际大学生心理卫生会议，使挫折教育问题在国际上受到重视。20世纪70年代，联合国教科文组织国际教育委员会发布了一份名为《学会生存——教育世界的今天和明天》的报告，其中提出应该让学生学会生存的理念。此后，西方一些国家开始在学校推行生存教育，旨在提高学生在遇到困难和危险时的生存能力。

英国在中小学的相关课程中融入和渗透了与生存教育相关的内容，既包括求生、求救、医疗等生存技能方面的技能，也涵盖了人与环境、性教育、人际关系等有关思想养成和心理发展的内容，使学生能够正确面对和解决生活中出现的困难，以健康的心态迎接挫折。①

美国的学校和家庭要求和鼓励青少年参与各种社会志愿活动和社区活动，以此增强他们的社会责任感并磨炼意志品质，提升解决问题的能力。他们认为让青少年独自到社会中闯荡，在其中感受生活的艰难是提升其社会适应能力的有效手段。

德国于20世纪90年代推出“基础教育课程改革纲要”，旨在使基础教育更适应社会需求。在其教材和教学内容中，加入引导学生认识和思考各种社会问题的内容，以增强学生的社会适应能力。柏林的一所小学还邀请殡仪馆的工作人员给学生讲述关于死亡的事情，并让学生模拟家人遇到车祸的情景，让学生感受在挫折情境下的心境，帮助学生掌握情绪控制的方法。②

日本也非常重视青少年的挫折教育问题，提出要把孩子投入艰苦的环境中锻炼，让其学会自己解决问题的理念。1993年，日本提出筹建“世界少年冒险村”的想法，锻炼青少年在非常状态下的自我生存能力，磨炼青少年的意志品质，其主张和推行的少年儿童冬季晨跑、小学生自己出行等吃苦教育方式对其他国家的青少年教育有很大的影响和启发。

国外对挫折教育的重要性认识较早，也开展了许多相关的研究工作。但从研究的主要内容看，国外对于挫折教育理论方面的系统论述不多，更多的是关注挫折教育实践层面的内容，探索和尝试了一些具体的挫折教育活动和手段。国外注重将挫折教育融入日常生活，在家庭、学校和社会的各个方面渗透吃苦教育、磨炼教育、生存教育、现实教育的内容，以此增

① 冯涛：《高等学校实施大学生挫折教育的探讨》，《沈阳农业大学学报》（社会科学版）2009年第6期，第710～713页。

② 王璜：《国外学校挫折教育出奇招》，《辽宁教育》2013年第18期，第90页。

强个体对挫折的认知和承受能力。

2. 我国挫折教育研究的发展

我国挫折教育研究可分为起步和快速发展两个阶段。

（1）起步阶段

我国的挫折教育研究工作起步较晚，始于20世纪90年代，当时国内已经开始出现有关挫折教育理念、理论和方法的一些研究报道。文献检索到的国内较早的有关挫折教育的文献是1991年11月发表于《早期教育》的题为《挫折心理与挫折教育》的文章，文中简单提到了挫折心理和挫折教育的定义，并对幼儿的挫折教育问题进行了探讨。此后，国内虽然开始出现了对挫折教育问题的讨论，但研究热度并不高。

1993年，中国青少年研究中心《少年儿童研究》杂志副主编孙云晓的文章《夏令营中的较量》被《读者》等杂志大量转载后，在社会上引起了较为强烈的反响。在这篇文章中，孙云晓讲述了在当时中日联合举办的一次青少年夏令营活动中，两国儿童面对问题和困难时的不同表现，其表述的中国儿童遇到挫折时退缩逃避的表现让国内民众大感失望。虽然孙云晓的这篇文章被许多人诟病存在刻意断章取义、歪曲事实的问题，但在当时也的确使国人开始关注到少年儿童的挫折教育问题，对我国的青少年挫折教育研究工作的发展起到了一定的推动作用。同年，《中国妇女》杂志发出开展挫折教育的号召，并有政协委员指出基于青少年抗挫折能力和实践能力的缺陷问题，青少年素质培养迫在眉睫。

在青少年挫折教育问题得到社会越来越多关注的背景下，国内掀起了一股关于挫折教育的研究热潮，涌现出不少重要著作和研究成果。南通市教科所杨曙明在1994年第1期的《教育研究与实验》上发表的《中小学生“耐挫折”教育论略》一文，分析了当时我国少年儿童心理承受能力状况，认为少年儿童耐挫折能力的强弱将迁移至青年时代甚至整个人生，提出了应该重视和开展中小学生耐挫折能力教育的观点。[①] 此后，有关中小学的挫折教育研究逐步展开。

在起步阶段，我国挫折教育研究面向的主要群体是少年儿童，对于中小学和幼儿群体抗挫折能力的培养和提升关注度较高。研究内容多为对在少年儿童中开展挫折教育重要意义方面的探讨，如《当代孩子急需挫折教育》[②] 等文章；也出现了一些挫折教育理论和实践方法的研究报道和著作，例如1995年李海洲、边和平所著的《挫折教育论》[③] 等。

以“挫折教育”为关键词，检索到1991—1999年共有167篇相关研究论文，发文数量不是很高。虽然在20世纪90年代，我国在挫折教育的研究对象和研究内容方面仍较为局限，相关领域对挫折教育研究的投入也不充分，但是国家和社会已经开始认识并重视到青少年的挫折教育研究问题，也开始有专家学者专注于挫折教育的理论与实践研究，我国的挫折教育研究工作已经开始起步，为此后的快速发展和实践应用做好了动员和准备。

（2）快速发展阶段

在挫折教育研究问题得到社会关注并开始起步发展之后，越来越多的教育专家和社会学者投入到该领域的工作中。挫折教育研究工作也得到了

---

① 杨曙明：《中小学“耐挫折教育”论略》，《教育研究与实验》1994年第1期，第38～43页。

② 黄研：《当代孩子急需挫折教育》，《少年儿童研究》1994年第2期，第13～14页。

③ 李海洲、边和平：《挫折教育论》，江苏教育出版社1995年版。

国家的重视和肯定，并将其作为青少年素质教育的重要内容。

1999年，中共中央印发《关于深化教育改革全面推进素质教育的决定》，强调要针对青少年的成长特点，加强学生的心理健康教育，培养学生坚韧不拔的意志。此后，挫折教育研究工作快速发展，进入到新的阶段。在此期间，挫折教育的对象进一步丰富，大学生群体的挫折教育问题开始成为热点。挫折教育的研究内容持续扩展，不再拘泥于对挫折教育重要性的讨论，挫折教育的理论、方法和手段研究日趋增加。陈丹等人的研究结果表明，我国的挫折教育研究工作发展较快，提别是2005年之后，相关研究文献数量激增，对该问题的理论研究进入较为深入的阶段。① 同时，挫折教育的应用效果也在各级人才实际培养工作中得到检验。特别是近些年，在思想政治教育视域下开展的探索工作，成为挫折教育研究新的方向和思路。在国家对青少年素质教育和思想政治教育工作给予更多关注的大背景下，我国的挫折教育研究取得了一系列的研究成果。

依托中国知网的检索结果显示，2000—2024年，以“挫折教育”为关键词共检索到相关研究论文5300余篇，研究内容涉及挫折教育的理念、理论、现状、方法、应用等各个方面。自2001年起，国内开始出现挫折教育研究方向的硕士学位论文，目前通过中国知网可查阅到与挫折教育主题相关的硕士学位论文439篇、博士学位论文6篇，挫折教育研究已经成为教育学等学科领域较为关注的研究方向。我国的挫折教育研究自2000年后进入到快速发展阶段，并在理论和实践上取得了显著的成果。

---

① 陈丹、冯京：《我国挫折教育研究热点、主题和发展趋势解析》，《宁波教育学院学报》2022年第1期，第114～119页。

（二）挫折教育研究的意义

挫折教育研究具有重要意义，人们应对挫折能力的差异将直接影响其个人发展，并反作用于社会进步。同样的事情造成的影响和结果是因人而异的。对于抗挫折能力差的人，各种困难可能就是难以逾越的深渊，他们会陷入其中无法挣脱。对于有能力面对挫折并解决问题的人，这些困难反而会成为其不断“打怪升级”自我成长的机会，他们会在一次次磨砺中实现价值。

抗挫折能力的差异固然和人与生俱来的先天因素有关，但挫折教育的效果也会对其造成影响和改变。有效的挫折教育会使心理基础较差的人更好地调节和掌控自身的挫折反应，弥补自己性格和意志品质方面的缺陷，更积极地投入到生活和工作中，在实现自我的同时促进社会发展。反之，如果忽视挫折教育潜移默化的影响，本来心理基础很好的人，在多次遭遇挫折问题而又没有通过合理科学的方法加以看待和应对之后，就很可能累积负面的认知和反应，在挫折面前无所适从、一蹶不振，甚至做出危害自身和社会的事情。

在社会快速发展和变革的背景下，挫折问题的来源和形式也相应增加，挫折教育也更需引起普遍关注和重视，成为疏导和化解挫折心理问题的有力方式。

第三节　挫折教育与心理健康的关系

心理健康的内涵极其广泛，涉及人的智力、思维、情感、道德、意志和行为等多个方面，而这其中的许多内容都会受到挫折问题的影响。例如，人们会随着困难事件的产生变得焦躁、恐惧和抑郁，人的道德水平和价值观会在应对挫折问题的过程中起伏变化，人的思考角度、分析能力以及行为举止会在压力和打击等外因作用下出现异常等。

挫折是产生心理健康问题的重要诱因，而挫折教育是减少挫折问题对心理健康负面影响的有效手段，因此挫折教育无疑是心理健康工作的重要组成部分。

一、心理问题的主要成因

心理健康问题的产生主要受生理因素、成长环境和身边事物的影响。

（一）生理因素影响

生理因素存在于生物体本身，是个体的本质属性，也是心理问题产生的最根本原因。生理因素受遗传和个体条件的影响。一些心理疾病的产生是与遗传密切相关的，通过家系遗传病史研究发现，抑郁症、精神分裂症、精神发育迟滞等心理疾病的产生都会受到遗传因素的影响。个体自身缺失某种物质或存在某些发病因素，也是导致心理疾病的内在原因。

生理因素对心理健康的影响随处可见。例如，有的人天生性格开朗、积极乐观，而有的人却对任何事情都毫无兴趣、态度冷漠，这都是蕴含在身体内的与生俱来的生理特征，造就了每个人的心理差异。

（二）成长环境影响

成长环境是影响心理健康的又一重要因素，环境会造就和改变性格，特别是在人的思维和意识不断形成的成长阶段，周边环境和氛围使个人所形成的认知和性格可能会伴随其整个人生。

良好的成长环境会潜移默化地使人形成活泼、友爱、奋发的性格，能够使个人站在客观、正面的角度对待周围的人和事，造就个人健康的人格和心理状态。而长期接触一些负面环境的人群，心理状态上会表现出相应问题。例如，在专制型家庭中成长的儿童，在个人思想情感长期受到压制、无法合理表达诉求的情况下，长大后就可能表现出抑郁、焦虑等，行为上也会出现做事缩手缩脚、缺乏主动性和创新性，甚至无法正常和外界交流沟通的情况。而在溺爱型家庭中，过分的关心和保护可能使儿童产生强烈的依赖心理，长大后遇到事情缺少主动思考和自己解决的能力，一旦遇到困难就会变得手足无措、慌乱茫然。

（三）身边事物影响

除了生理因素和成长环境外，在日常生活中遇到的一些突发事件也是影响人们心理健康的重要因素。某些出乎预料的事情，或者超出自身控制能力的事情，就会对人的情绪和心理产生相应作用，而当此种作用力增大到一定程度，超出人本身的承受能力和范围时，就会导致心理健康问题。这种事例非常普遍，大家所熟知的“范进中举”，以及杭州外卖小哥由于闯红灯被交警处罚、情绪失控高呼“我不活了”冲向道路的事件，都是当事人由于身边事物诱发而产生的精神健康问题。

二、挫折对心理健康的影响

正如前文所述，人们身边存在的事物和发生的事情对心理健康有重要的影响。在这些事情和事物中，有的是由于事件本身的效果超出预期，展现出更为优越的状态，使当事人心理呈现过度兴奋、激动甚至癫狂的表现，例如范进在得知自己中举后情绪的突然爆发、行为失常。但这种情况在心理健康影响事件中的占比较小，使心理健康问题产生的大多还是出乎当事人意料或其无法掌控的挫折事件。因此，挫折是心理健康的重要影响因素。

人的一生不可能一帆风顺，总有自己无法预期和控制的阻碍影响生活。这些生活中的挫折会导致人情绪上的反应，长时间的情绪控制直接影响人的认知、判断和性格，进而导致心理健康问题。

有的挫折是与生俱来的，例如人存在的生理缺陷和残疾，这些问题会导致其参与社会活动时无法和健全人处于同一状态，在应对相同局面或解决相同难度问题时，其必然要有更大的付出，在生活中遭遇的挑战和挫折也一定更多。这些挫折的累积，极有可能使其悲观地思考问题，产生抑郁、焦虑和恐惧等心理问题。

除了先天挫折因素对心理健康的影响，人在生活和工作中面临的挫折环境和事物，更是无时无刻地不在影响着心理健康。成长过程中，当索要玩具、食物遭到家长拒绝时，会有失望、愤怒的情绪；学习过程中，考试分数和成绩不理想时，会有焦虑、压抑的情绪；求职过程中，没有理想的岗位抛来橄榄枝时，会有失落、失败的情绪；情感交流中，得不到他人的关注和肯定，会有自卑和无助的情绪；工作过程中，无法实现既定目标时，会有焦躁和自我否定的情绪。

可以看出，挫折存在于个人生活的各个方面，又时刻左右着负面情绪的产生和发展，直至危害到心理健康、引发消极甚至有危害性的行为。因此，挫折对心理健康的影响不容忽视，需要重视挫折教育研究工作。

三、挫折教育对心理健康的作用

挫折能够对心理健康产生巨大负面影响，但挫折客观存在于生活中，是人类无法避免、必须要面对的问题。因此，必须通过有效的手段减少挫折对心理健康的影响，而开展有效的挫折教育工作，无疑能对个体面对挫折情境时保持健康心理起到重要作用。

（一）挫折教育是提升抗挫能力的基本方法

个体抗挫折能力的高低直接影响其在挫折情境中的情绪、思想和行动，抗挫折能力是个体意志品质的重要体现。抗挫折能力固然与人本身的性格密切相关，但也会受到后天教育、引导的影响而发生改变，挫折教育就是提升个体抗挫折能力的基本方法。

《生于忧患，死于安乐》中提到，“故天将降大任于是人也，必先苦其心志，劳其筋骨，饿其体肤，空乏其身，行拂乱其所为，所以动心忍性，曾益其所不能”。人只有在各种挫折中不断地磨炼和成长，才能造就坚毅的品质和健康的心理，迎接各种挑战，直面各类困境，解决各项难题。在成长的各个阶段，人为设置一些可以承受的阻碍，通过挫折教育的方法实现抗挫能力的提升，对人心理健康水平的提升具有积极作用。

（二）挫折教育是建立科学认知的有效手段

个体对挫折情境表现出的不同情绪和行为，很大程度上源于其思想认知。这种思想认知既是指个体对挫折情境的认知，也包括其对人生价值、生命意义以及事物发展规律等方面的理解。

每个人对挫折情境的认知是有差别的。有这样一个故事，两个老妇人，各自有两个孩子，大儿子的工作都是在海边晒盐，二儿子都是靠卖雨伞谋生。每到阴雨天，其中的一个妇人就会忧愁，因为下雨使得大儿子今天没法工作了，而到了晴天，她也同样焦虑，因为太阳出来意味着二儿子的雨伞就卖不出去了，所以她整天生活在抑郁、焦虑的情绪中。而另一个老妇人，在下雨的时候却非常高兴，因为她觉得今天二儿子的生意一定会好，同样，晴天她也很开心，因为她想今天大儿子可以去晒盐了。

同样的情境，对不同的人产生的效果不同，一些困难在某些人心里感觉无法逾越，而有的人感觉毫无压力，通过挫折教育的手段，可以实现对人挫折认知的引导，使其建立更有益于心理健康发展的性格和品质。挫折教育也可以使人建立更科学的思维方式，认识到其所遇到的各种困难并没有针对性，是存在于每个人生活中的，挫折的出现是符合事物发展规律的。挫折教育使人掌握挫折的成因、发展规律，科学地对挫折情境分类，从而具备解决挫折问题的能力。当挫折教育真正发挥效用的时候，人们在遇到困难和挫折时会更客观、理性地展开思考，避免消极思想的放大和极端情绪的产生。通过挫折教育，可以提升科学认知水平，保障心理健康。

（三）挫折教育是疏导心理问题的重要渠道

现实生活中的挫折情境随时存在，无论个人自身意志有多坚强、情绪管理如何到位，也都有可能会遇到超出其心理承受范围的挫折问题。对于抗挫折能力较差的人群，挫折感的出现概率更高，挫折引起的心理问题也更严重。既然挫折必然出现、挫折对心理健康的影响无法避免，就需要及时有效地对已经表现出的心理问题进行疏导，减少由于挫折产生的心理影响。

挫折教育是调节心理状态、疏导心理情绪的重要渠道。通过分析挫折成因、提出应对方法等挫折教育手段，人们可以正确认识所面临的挫折事件，冷静客观地评价、分析和解决挫折问题，同时在这个过程中，逐步缓解和控制负面情绪，实现对挫折心理问题的疏导。此外，挫折教育中一些鼓励、安慰、共情和引导的方法，也能够在一定程度上化解当事人的挫折情绪，减少相应的心理健康问题。

（四）挫折教育是减少心理事件的必由之路

心理问题不仅仅存在于个人的精神层面，一旦由于过度累积变成严重的心理健康疾病，或是因心理问题瞬间强度过大超出承受范围，个人的心理问题就极有可能突破精神层面，表现为非理性行为，对个体本身以及周边的人和事物造成伤害，成为心理健康事件。心理事件的危害不容小视，许多自残、自杀、伤人、杀人、毁物甚至危害公共安全的极端事件都是由心理健康问题引发的。

心理事件固然可以通过对重点人群的管理管控和相应的安全机制加以预防，但杜绝此类事件的最根本途径还是要从源头上减少心理健康问题。许多心理健康事件看似是由某一件事情引发的，但这件事情可能只是压死骆驼的最后一根稻草，突然爆发和不受控制的情绪都来自挫折感的长期积累，只是这种累积在某一件事情上达到了爆发点，造成了心理健康事件。通过挫折教育，可以在日常不断地给人灌输正确对待挫折的理念、增强克服困难的决心、提高应对逆境的能力，使挫折带来的消极情绪和压力能够定期得到释放和缓解，使个体始终将情绪和心态保持在积极和健康的状态上，从而减少和杜绝心理事件。

第二章

高等院校学生心理健康教育现状

中国国民心理健康调查的相关报告和数据显示，青少年人群中存在焦虑和抑郁等心理问题和心理疾病的比例较高，特别是18～24岁阶段人群，心理健康指数明显较低，而我国高等院校中的学生基本都处于这一年龄阶段，因此，高等院校学生的心理健康问题也是较为突出的，必须加以重视和关注。高等院校担负着人才培养的重任，高等院校学生是国家未来建设和发展的重要动力，其心理健康状况将直接影响和作用于社会发展质量，高等院校学生的心理健康工作意义重大。全面了解我国高等院校学生心理健康基本状况，掌握高等院校学生心理健康特征，科学分析高等院校学生心理健康问题成因，是提升该群体心理健康水平的重要基础。

第一节 高等院校学生心理健康概述

一、我国高等教育发展概况

高等教育是教育体系的重要组成部分，是实现个人能力、素质和知识提升，强化精神内涵和创新意识，引领科技发展潮流和方向，推动人类不断进步的重要途径。高等院校是实现高等教育的基本场所，大学则是高等院校最重要的组成部分。

1088 年，意大利建立了世界上第一所大学，名为博罗尼亚大学。1809 年，德国创建了柏林大学，这标志着现代意义上的大学的诞生。近代大学主要的功能是传授已有的知识，不涉及新知识和技术的研究和发现内容。而柏林大学的建立，不但保留了近代大学传播知识的作用，还将科学研究作为重要内容，在大学中引入了对各类知识的研究扩展以及对科研人才的培养等职能，这是现代大学建设和发展的趋势。

我国现代意义上的高等院校起源于清朝末年。19 世纪 60 年代到 90 年代，晚清洋务派以“自强”“求富”为口号进行了一场引进西方军事装备、生产机器和科学技术，以挽救清朝统治的自救运动，史称“洋务运动”。在经历甲午战争失败后，盛宣怀等洋务运动代表人物认识到“自强首在储才，储才必先兴学”，国家的振兴和发展离不开人才储备和支持，而兴办学业是培养和造就人才的基本路径。1892 年，盛宣怀在天津任职并开始筹备兴办学校。1895 年，天津北洋西学学堂成立，并于 1896 年更名为北洋大学堂，开启了我国现代高等教育的先河。北洋大学堂是我国历史上第一所真正意义的现代大学，也是现在天津大学的前身。此后一段时间内，国内各地相继兴办了多所高等院校，许多院校现在已经成为世界知名大学，例如北京大学的前身京师大学堂以及复旦大学等都是在这一时期创建的。

随着中国历史的不断变迁，我国的大学也经历了抗日战争时期的迁址、新中国成立初期的综合性大学院系拆分组建新校等发展历程。我国高等院校的数量也在不断增加，新中国成立初期，国内高等院校仅有205所。1958年，中共中央、国务院发布《关于教育工作的指示》，提出“力争以十五年左右的时间来普及高等教育”的工作方针。在此历史背景下，国内高等院校数量激增，三年内新增高等院校接近1100所，但其中的一些高校在两三年后就因各种原因停办、合并甚至消失了。1963年至1977年间，我国的高等院校数量基本稳定在400余所。

改革开放后，随着高考的恢复和国家对高等教育事业的重视，高等院校数量有所提升，2000年前，国内高校数量达到1000余所。1999年，教育部发布《面向21世纪教育振兴行动计划》，我国高等教育事业迎来了新的发展机遇，高等院校数量逐年递增，根据国家统计局数据，2022年我国高等学校数量已达2760所，涵盖的学科和专业也在不断丰富和扩展。

与高等院校的发展相适应，我国高等院校招生数量和在校生规模也在每年递增。新中国成立之初，我国的大学招生数量每年仅有3万余人，1966年之前，每年稳定在每年10万~20万人的规模。恢复高考后，招生数量随着国家教育事业的进步有所提升，1998年，普通高校招生人数超过100万人。1998年，经济学家汤敏向中央提交了一份名为《关于启动中国经济有效途径——扩大招生量一倍》的建议书，该建议书从高校扩招对民族振兴的意义、教育需求对提升经济发展的影响以及我国高等教育人数与国外差距等方面论述了扩大高等教育招生人数的必要性。该建议得到国家的重视并很快制订了以“拉动内需、刺激消费、促进经济增长、缓解就业压力”为目标的高等教育扩招计划。1999 年，我国的高校扩招正式开始，当年全国的招生总数达 159.68 万人，比上一年增加 51.32 万人，增长速度高达 47.4%。

高等院校的扩招直接提高了我国高等教育的毛入学率，也使我国高等教育达到了普及化的发展阶段。高等教育毛入学率是指高等教育在学人数与适龄人口之比，由于处于高等教育阶段的人群多为 18～22 岁年龄段人口，因此在研究高等教育毛入学率时，通常将此范围作为适龄人群。1973 年，美国教育学和社会学家马丁·特罗在《从精英向大众高等教育转变中的问题》一文中，基于对当时一些发达国家高等教育发展过程的调查分析，提出了按照高等教育毛入学率划分高等教育阶段的观点。高等教育毛入学率在 15% 以下时，被认为是精英化教育阶段；在 15%～50% 之间时是大众化教育阶段；超过 50% 时，则进入普及化教育阶段。1978 年，我国的高等教育毛入学率只有 1.55%，直到扩招前的 1998 年上升至 9.76%，高等教育处于精英化教育阶段。1999 年高校扩招开始后，我国高等教育毛入学率快速上升，2002 年达到 15%，高等教育从精英化教育阶段进入大众化教育阶段。2019 年，高等教育毛入学率达到 51.6%，我国高等教育正式进入普及化教育阶段。

二、高等院校学生心理健康基本状况

高等院校快速发展的同时，高等院校学生数量也在不断增多，高等院校中的在读人数已经超过适龄人群的半数以上。因此，高等院校学生的心理健康状况极具代表性，掌握高等院校学生的心理健康现状，对于科学应对此年龄段人群的心理健康问题有重要意义。

高等院校学生处在一个较为特殊的人生时期，产生心理问题的影响因素相较其他群体更多。高等院校学生虽然在生理定义上已经属于成年人，但对社会的认知程度、思想的成熟度以及应对问题的能力仍有欠缺，心理调节和适应性有待提升，因此，容易被心理问题困扰。

我国高等院校学生大部分都是首次离开家人开始独自生活，由于长期对家庭和父母的依赖，其解决问题的能力也明显滞后于身体发育阶段，遇到困难经常会产生无助感和迷茫情绪。

高等院校学生容易产生心理问题的另一个原因源自其所处阶段面临问题的多样性，学业问题、人际关系、就业压力、情感困扰和社会家庭等各个方面的事情都可能在此期间集中出现，导致心理健康问题。特别是近些年来，经济和社会的快速发展给高校学生带来一些新的问题和压力，高等院校学生的心理健康问题日益突出。许多学者的研究都显现出当前我国高等院校在校学生的心理健康问题不容乐观。

中国科学院发布的《2022 年大学生心理健康状况调查报告》，对近 8 万名大学生的心理健康状况进行了调查，在被调查的样本中，存在抑郁和焦虑风险的检出率分别大约是 21.48% 和 45.28%，风险比例极高。我国《2023 年度中国精神心理健康》蓝皮书的调查结果也显示，随着生活和工作节奏加快，社会竞争急速加剧，国民心理压力大大增加，仅有 36% 的国民认为自己心理健康良好，大学生轻度焦虑风险达 38%。

一些学者和民间的调查分析结果，也显示出了我国高等院校学生心理健康问题的风险。有学者对省属某高水平大学 2014—2021 年的学生心理健康状况进行跟踪研究，发现与2014—2016年相比，该学校从2017年开始，大一学生入校时的心理健康测评结果异常学生人数呈几何倍数增加，从2014年的243人增加到2017年的1414人；在2021年的统计数据中，心理健康测评异常人数达到1796人。同时研究结果还显示，心理异常学生人数在逐年增长的同时，学生的心理问题严重程度也在逐年加重。① 对于某地2137名大学生心理健康状况的调查问卷结果显示，感觉心理健康水平状况比18岁以前糟糕的人数为558人，约占被调查人数的26%，表明大学生的心理健康问题十分突出。② 其他的一些调查结果也显示出了我国高等院校学生心理健康方面的问题③，必须对高等院校学生的心理健康问题加以重视。

第二节 高等院校学生常见心理问题及影响因素

由于所处环境和自身特点的影响，高等院校学生既能表现出与其他人群相类似的心理问题，又具有此年龄阶段和身处环境造就的代表性心理问题。要提升高等院校学生的心理健康水平，就需要充分把握其心理健康问题的类型、特点和产生因素。

① 刘衡：《大学生心理健康问题、成因及对策研究：基于省属某高水平大学调查结果》，《科学咨询》2023年第14期，第45～47页。

② 王富贤：《大学生心理健康状况调查及应对策略》，《黑龙江科学》2023年第19期，第97～99页。

③ 徐逸斐、高敏：《大学新生心理健康状况及改善策略分析》，《决策探索》2021年第6期，第55～56页。

一、高等院校学生的心理特征

心理问题的产生与个体心理特征密切相关，一个人的性格、能力和气质上的心理特征表现直接关系到其心理健康状况。在心理健康研究工作中，只有充分掌握了被研究群体的心理特征，才能精准发现其心理问题的影响因素，进而提出科学合理的心理问题预防解决方案。

心理特征的产生和变化既与遗传、成长阶段等个体自身生物因素相关，又与外界环境密切联系。高等院校学生虽然自身性格各异，但由于其所处的成长阶段和外界环境较为相似，因此，在心理特征方面会有相似的一些表现。在高等院校学生群体中，会出现以下较为典型的心理特征。

（一）接受新环境的适应障碍

心理适应能力是指个体通过心理层面的自我调节达到适应社会生活和环境变化的能力。适应障碍普遍存在于各类人群之中，当熟悉的外部环境发生变化时，人们都会或多或少地出现一定时期和强度的情绪失调和烦恼状态，短时和轻度的适应障碍属于正常现象，但如果长期处于某种环境适应障碍状态，就可能对人的心理健康和社会功能产生影响。

高等院校学生是较为容易出现适应障碍的人群，特别是新生和毕业生出现适应障碍情况的更多①，这与其要面对更多的外部环境变化密切相关。对于刚进入学校的新生，由于离开家人来到陌生的城市、学校，与一些从未接触过的人一起生活和学习，容易在新环境的影响下出现心理和情绪的变化；即将踏入社会的毕业生要脱离熟悉的校园，在实习和找工作过程中

① 李婉璐：《心理健康教育对当代大学生适应能力及情绪的影响》，《中国多媒体与网络教学学报》（中旬刊）2020 年第 12 期，第 200～202 页。

与陌生的社会环境初步接触，生活环境的变化也会造成情绪的变化。无论是新生还是毕业生，其心理调控能力仍不健全，对新环境的适应能力仍待提高，因此，面对新环境的适应障碍是高等院校学生较为普遍的心理特征。

（二）追求完美的强迫症表现

强迫症是一种精神障碍疾病，主要表现为强迫观念、强迫冲动或强迫行为等。强迫症人群有时明知自身存在的这些强迫观念、行为等是不合理甚至可笑的，但却无法控制或摆脱这种无谓的观念和行为，严重影响身心健康。

强迫症与家族遗传因素密切相关，同时也受到个体性格、经历和成长阶段等内外条件的影响。当个体的认知和能力不足以解决其所面临的问题和困境时，就容易产生一些强迫意识。例如，有的人在遇有需要解决的问题之前会反复祈祷，甚至强迫自己实施某些仪式化的行为和其他人难以理解的举动；有的人在遇到难题和困难时会反复纠结和思考，臆想各种解决方案和事件发展场景，但这些行为和思想根本无助于问题的解决。思维过于活跃也可能引起强迫症表现。有的人会出现很多莫名其妙的想法，如已经锁好的门窗会不会突然开了、洗干净的手在接触物品后会不会沾附细菌而影响健康等，所以有反复确认门窗是否真的锁好、反复洗手消毒等强迫行为。压力也是强迫症的诱因之一，当人们长时间处于某一方面的压力之下，需要全力以赴完成某项任务时，就可能在头脑中出现反复的思考、回忆、推演甚至臆想。

综上所述，除了个体生理因素之外，强迫症的出现与个人对环境的适应程度、思维成熟度及外界压力等直接相关。高等院校学生正处于思维活跃期和心理生理的发展成熟阶段，快速发展的社会和不断变化的生活带来的各种压力和困难，更容易造成其内心世界与外部环境间的矛盾冲突，特别是处于此阶段的人群更加注重外界对自己的认可，更渴望得到他人的关注和肯定，在学业、社会活动、容貌仪表甚至穿着打扮等方面都更加追求完美，这种对完美的要求固然能够推动自身发展，但也非常容易导致其出现强迫心理和行为。在高等院校中，有的看重综合评价的同学会反复确认与考评相关的规章，执着于每一件量化加分的活动；有的同学会强迫自己把每一件事情都做到完美，过于在意别人的看法和评价，陷入无意义的精神内耗；也有在自身表现上追求完美的同学，会时刻纠结于每天的衣着打扮，臆想别人对自己外貌的认可，出现强迫意识和行为。

（三）外界压力引发的心理焦虑

容易焦虑是高等院校学生中存在的又一典型心理特征。外界压力是导致焦虑的重要原因，当外界的压力和困难达到一定程度，超越了个人承受能力的范围，就会使其出现焦虑情绪和行为。

许多人认为，大学是人生最美好的阶段，大学生不用考虑经济和生活的问题，学习也比中学时轻松许多，高校的生活是无忧无虑的。但现实情况是，在高校阶段，学生要面临的压力源很多，承受的压力很大。首先是学业方面，虽然感觉上比中学阶段学业任务轻了许多、不用起早贪黑地学习了，但其实高校的学业压力仍然很重。不但要完成和通过各种基础课、平台课、专业课和选修课的学习和考试，为了能在择业中更具竞争力，许多高校学生还要完成各种等级证书和资格证书的考试。考研、考公务员也已经成为许多高校学生的奋斗方向，这又给他们带来了新的学业任务。随着国家对高等教育的日益重视，各个高校都加强了对学生日常学习的管理和要求，学业评价与考试成绩密切相关，要想在未来的竞争和就业中获得优势，就必须提升学习成绩，因此，经常能看到一些高校图书馆人满为患、一座难求以及莘莘学子在教室学习到深夜的场面。除了学业，就业也是困扰高等院校学生的重要压力源。高等教育事业的快速发展和人们传统择业观念之间的矛盾仍在，职业规划从填报志愿之时就成为高等院校学生关注的问题，当传统认知中的好工作岗位与庞大的毕业生数量出现矛盾时，这种压力也必然会实时传导给高等院校学生。当代的高等院校与社会联系更加紧密，高校学生也不再是“两耳不闻窗外事，一心只读圣贤书”的状态，学生与外界的交往和沟通更加频繁，在此过程中，不可避免地也会感受到来自社会交往、学校生活甚至家庭的各种压力。因此，目前高等院校学生所面临的压力较大，在各种压力情境下也会表现出或强或弱的焦虑心理。

（四）性格差导致的“社恐”“社牛”

“社恐”和“社牛”是近年来出现的网络热词，这两个词体现了社交过程中两种极端人群的行为，也代表了高等院校学生中普遍存在的两类心理特征。“社恐”与医学中恐惧症亚型描述的社交恐惧症有所区别，并不特指个体心理方面的疾病，而是表达由于个人性格内向腼腆，缺少与陌生人沟通联系的技巧和手段，逃避或不屑与外人交往的概念。“社牛”则与其相反，指在和陌生人交往时，完全没有心理包袱和压力，能快速融入人群并与他人建立联系的一种状态。

人天生性格的差异是导致“社恐”或“社牛”的重要原因。有的人生来就内向、胆小，不擅与人交往，虽然内心非常渴望融入他人，但缺少勇气和沟通方法；有的人本身就喜欢安静和独处，不愿与外界发生联系；有的人天生热情奔放、胆大豪爽，愿意表现自我，喜欢热闹的场合。高等院校学生众多，性格差异也较大，因此“社恐”和“社牛”的情况都很常见。特别是在集体生活期间，周围的人和环境也会对个人性格产生作用，影响高等院校学生在社会交往过程中的心理变化。

（五）内外因诱导的脆弱心理

心理承受能力是指人在面临逆境和挫折时，能够调节心理平衡和保持行为正常的能力。具有良好心理承受能力的人能够在困境中表现出更强的适应力、容忍力和耐力，能被激发出斗志和潜能，从而战胜困难。心理承受能力较弱的人，则特别容易受挫折情境的影响，哪怕是很微不足道的困难，也可能成为压垮他的一根稻草。

具有一定强度和韧性的心理状态，对于高等院校学生非常重要，是其开展正常学习和生活的保障。目前社会普遍认为，当代青年人的心理承受能力明显变弱，抗挫折能力不强。一些青年人遇到困难时不能勇于面对，而是选择退缩和逃避，高校学生由于学习、情感等原因自杀自残的事件时有发生，心理承受能力脆弱也成为高等院校学生的重要心理特征。

当代高等院校学生心理承受能力变差主要源于以下内外因素。内因方面是自我价值和责任感缺失，随着社会的发展，越来越多元的文化和观念影响着高等院校学生的价值观。网络世界也影响着高等院校学生的生活和思维方式，其中既有积极向上的内容，也充斥着负面低俗的信息，许多学生沉溺网络，与现实生活脱节，逐渐降低和丧失了对社会和家庭的责任感，变得孤僻、自私，在面对需要解决的问题时自然会更多地选择远离和逃避，心理承受能力也相应会变差。外因方面主要有两方面影响因素，一是挫折经历和锻炼较少。随着国家的强盛和发展，许多青年人从小就在蜜罐中成长，未感受过困难和逆境的压力，心理承受能力未经过磨炼。二是依赖性较强。学生进入高校之前遇到的各种问题都会有家长去处理和解决，独立生活后缺少来自家庭的及时帮助，也没有较多的阅历，缺少解决困难的思路和技能，造成心理崩塌。

（六）攀比心理产生的嫉妒心

嫉妒是人的本能，也是一种常见的社会心理，是指自己在能力、金钱、地位或境遇等方面比不上别人时而产生的一种包含羞愧、抱怨甚至仇恨等状态的情绪。嫉妒与羡慕不同，虽然都是因为与别人存在差距表现出的心理反应，羡慕会将这种比较后的不甘心和羞愧转变为努力向上的动力，但嫉妒更多表现为负面的情绪状态甚至诱发严重的行为后果。

有研究表明，嫉妒是高等院校学生普遍存在的心理特征①，影响高等院校学生的学习和生活。高等院校学生的嫉妒心理产生固然有个人性格上的主观原因，但也不能忽视高校特定环境氛围中所产生的攀比心理的影响因素。高等院校学生从小受到家庭和老师的关注，自我意识普遍较强，家人和师长的关爱会使其在各方面体会到一定的优越感，希望在各方面都能超越与自己条件相近的人。竞争和比较存在于高校生活的每个方面，考试排名、干部竞选、家庭条件、人缘评价、恋爱对象等因素都会不经意地成为学生们的攀比内容，而来自社会和家庭的价值导向，更容易使高校学生不自觉地参与到与身边人各方面的攀比中，从而诱发嫉妒心。

（七）缺乏自控力的瘾癖问题

瘾癖是人对一种事物表现出过度的依赖，当人反复、强迫性地需求某

---

① 欧阳文珍：《嫉妒心理及其内隐性研究》，《心理科学》2000 年第 4 期，第 446 ~ 449 页。

种物质或追求某种行为体验，并为此不惜代价或者忍受由此带来的痛苦时，就会转变为成瘾疾病，给个人身心和社会、家庭带来伤害。

瘾癖也是高等院校学生中经常出现的一类心理健康问题，极大影响学生的正常学习和生活。高等院校学生正处于思想活跃的阶段，好奇心比较强烈，相比之前其社交范围更广、社交内容也更丰富，有更多的机会尝试和接受新鲜的事物。高等院校学生虽然有一定的自控能力，但缺少了家长的约束，仍有可能去触碰一些以前不被允许的甚至有危害的事情，因此许多人的酗酒、吸烟等行为都是在这一阶段出现的。在网络时代的影响下，网游、网购、网剧等占据着很多人的闲暇时间，对个人的正常生活造成一定影响。对于高等院校学生，网络瘾癖心理更应得到重视，许多学生对网络严重依赖，整日与手机为伴，沉迷于网络世界中，与现实生活严重脱节，影响到正常的学习、休息和人际交往。

高等院校学生的瘾癖心理特征必须得到关注和重视，应从心理源头控制其过度依赖和需求行为，通过科学的方法引导其将精力更多地投入到学习、文体活动和健康的社会交往中。

（八）随机事件造成的应激创伤

每天的生活中都可能出现一些不确定或突发事件，由于缺少对这些事件的心理准备或当事件产生的刺激作用比较强烈时，人们就有可能出现情绪上的波动，甚至出现心理健康方面的不适和损害。

对外界刺激的应激反应既与个体的性格相关，又受个人认知能力和思维水平的影响。生活阅历丰富、具备科学认识和分析事物发展规律能力的人，对于一些预料之外的事件能做出更合理的思考，有效调控自身情绪反应。反之，则可能使当事人出现过度的情绪反应，甚至心理应激创伤。高等院校学生生活经验通常较少，成长过程中遇到的需要解决的重大事件不多，处理事情的能力和水平还不高。而在高等院校学生所处的年龄阶段和校园生活环境中，其可能面临的随机事件又比比皆是，一次出乎意料的考试成绩、一次落败的干部竞选、同学或室友不经意的一个举动、心仪对象的拒绝等都可能出现在每天的校园生活中，带来惊喜、感动、失落、沮丧等各种情绪体验。

容易被随机事件影响而出现过度应激反应是高等院校学生的重要心理特征，高等院校也应将此作为心理健康教育工作的关注点，把握学生应激反应较为强烈的心理特征，通过各种方法改善其对突发事件的心理应对能力，使学生在面对各种随机事件时，能够以更成熟的心态、更客观的视角去分析和看待问题，减轻面对问题时的过度情绪反应。

二、高等院校学生常见心理问题

心理问题普遍存在于社会人群中，而高等院校学生由于所处的年龄、环境和心理阶段，更容易产生一些异常心理，进而表现出不利于个人身心发展和不符合社会要求的异常人格特征和异常行为方式。

高等院校学生中较为常见的心理障碍问题包括抑郁症、焦虑症、恐怖症、强迫症和神经衰弱等，同时也存在双向情感障碍、精神分裂甚至变态人格等较严重的心理疾病。

（一）抑郁症

抑郁症是最为常见的一种精神障碍问题，抑郁症人群通常具有显著而持续的心境低落的特征，对周围事物的兴趣减退，无法在工作和生活中获得愉快感。

抑郁症产生的原因很多，个人心理、社会环境、周围事物、遗传因素等都可能引发抑郁问题。抑郁症对个人身心健康危害极大，精神上会导致人情绪低落、自卑、失去生活方向、注意力变差，生理上会使人失眠、食欲不振、疲劳无力，严重者还可能出现妄想和幻觉等，甚至出现自残、自杀行为。抑郁症是困扰精神健康的重要问题，特别是在新冠疫情后，全球抑郁症患者激增5300万。我国的抑郁精神障碍问题也不容乐观，中国精神卫生调查显示，我国成人抑郁障碍终生患病率为6.8%，其中抑郁症为3.4%，目前我国患抑郁症人数为9500万，每年自杀人群中约40%患有抑郁症①。

在我国的抑郁症群体中，高等院校学生占比较大。《2022年国民抑郁症蓝皮书》的调查结果显示，调研样本中50%的抑郁症患者为在校学生，抑郁症人群中18~24岁年龄段占比高达35.3%，高等院校学生则是这一年龄段的主要群体。因此，高等院校学生中的抑郁心理问题需要引起高度重视。

（二）焦虑症

焦虑症又被称为焦虑性神经症，焦虑症患者感受到的焦虑通常并不是由于真实存在的威胁所引起的，而是无缘无故的、对不明确的对象产生的紧张和恐惧，最典型的例子就是“杞人忧天”。即使确实有潜在的威胁对象，焦虑症患者也可能表现出与威胁程度极不相适应的过度焦急和惊恐。正常的焦虑状态并没有问题，因为面临困难、危险、逆境和挑战时，出现适当程度的紧张和焦虑属于人的正常生理反应，这种紧张和焦虑的状态还可以激发人快速进入应对问题的状态，有利于解决问题。但当这种紧张和焦虑的程度和持续时间超出一定范围，就会出现对小问题和困难的过度紧

① 数据来源见《2022年国民抑郁症蓝皮书》。

张和恐惧，甚至累积成为对根本不存在威胁的无缘由焦虑和恐慌，不但妨碍问题的正常处理，还会影响身心健康。

精神焦虑已经成为世界范围内的重要精神障碍问题，特别是受新冠疫情影响，全球新增9000万焦虑症患者，焦虑发病率增加了25%。根据中国疾病预防控制中心的数据，我国的焦虑症患者在4000万人左右，数量巨大，而《中国国民心理健康发展报告（2019—2020年）》的调查结果表明，我国18～34岁人群最为焦虑，这又覆盖了高等院校学生年龄段，因此需要对高等院校学生人群的焦虑原因及防控措施进行研究。

（三）恐怖症

恐怖症是对某种客体或情境产生持续的、无法控制的强烈恐惧症状。恐怖症的产生不仅受到遗传因素的影响，还和个人的性格因素和经历等密切联系。一些性格懦弱、害羞、依赖性较强的人非常容易在特定情境下产生恐惧情绪，如有的人天生就惧怕某一种动物甚至某种昆虫。有一些曾经遭遇过的恐怖经历，也会诱发特定人群的恐惧心理，古语“一朝被蛇咬，十年怕井绳”就是再次面临曾经导致其恐怖情绪的场景后，而引发的过度紧张和焦虑的感受。

高等院校学生所处的青年人群是恐怖症出现率较高的群体，在此群体中除了常见的动物恐惧症和情境刺激类恐惧症以外，更为常见的是对各种社交场合表现出的恐惧和焦虑，也就是“社恐”。高等院校学生中社交恐惧症的增多不仅由于当前学生生活和社交方式的变化，而且与其在学习和生活中的受挫经历相关。高等院校学生的心理正处于成长阶段，各种受挫经历会影响其心理健康发展，一旦不能正确认知和面对挫折，就可能使其产生心理上的怯懦和不自信，进而将自己孤立起来，拒绝与外界交往，出现社交恐惧。

（四）强迫症

强迫症是较为常见的一类心理疾病，国外的调查研究显示，约有1%的人患有强迫症。即使在未达到强迫症程度的人群中，也有相当比例的人出现过强迫心理或行为，如反复确认是否锁好门窗、强迫思考说过的话或做过的事是否合适等。强迫症患者通常明知自身表现出的强迫情绪或行为是毫无意义甚至完全不合理的，但是却不能克制这种强迫症状的出现，并且越是试图消除和抵抗这些强迫意识和行为，越会陷入其中，增强紧张感和焦虑感。强迫症不但会对身心健康造成严重影响，还会影响到个体参与社会活动的质量。

强迫症的产生固然与人的自身特质相关，但也受到外界条件的影响。过强的外界压力会使人产生焦虑、不自信等情绪，这些情绪都是强迫症的诱发因素。例如，学业成绩的压力会使学生完成作业或论文时反复检查，确认没有出现问题，长时间累积后可能形成不自信的强迫行为。再比如，社交的压力会使一些人变得谨小慎微，担心自己的某一言行引发对方反感，反复思考已经说过的话或做过的事，陷入毫无意义的精神内耗。高等院校学生在学习、就业以及人际交往中面临许多问题和压力，也非常容易在这些压力下出现强迫意识和行为，需要引起重视并积极应对。

（五）神经衰弱

神经衰弱是一类精神容易兴奋和脑力容易疲乏、常有情绪烦恼和心理生理症状的神经性障碍。神经衰弱虽然不是特别严重的疾病，但也会对人的生活、工作和学习产生较大影响。

高等院校学生所处的环境特点使得其易出现神经衰弱的情况。首先，学业等因素的压力会使其神经活动长期处于紧张状态，大脑工作强度较大，可能导致神经衰弱。其次，高等院校学生身处竞争频现且较为激烈的环境，考试、评比、就业等竞争无时无刻不影响着情绪，一旦过于好胜执着，思想长时间受其困扰，就会影响到精神状态。此外，高等院校学生目前普遍的生活习惯也使其容易出现神经衰弱的问题，相对于其他人群，高等院校学生作息时间通常不规律，休息时间较晚或者通宵熬夜，这种不好的生活习惯会直接影响大脑休息，造成神经紊乱。神经衰弱会使学生感到疲劳、消沉和记忆力减退，极大影响其学习效果，较为严重的学生还会出现烦躁、易怒，不但影响自身健康，也不利于正常的社会活动和交往。

（六）其他心理问题

除了以上较为典型的心理健康问题外，在高等院校学生中还存在双向情感障碍、精神分裂甚至变态人格等一些较严重的心理健康问题。

双相情感障碍是一种既有躁狂症发作，又有抑郁症发作的精神障碍问题。躁狂症发作时，可能表现出情绪高涨、易被激怒、意识障碍、话语增多、行为冲动等特征；抑郁症发作时，又会出现思维迟钝、悲观绝望、言语减少、自责无助等情绪，极大影响人的身心健康。

精神分裂也是较为典型的精神类疾病，患者在认知、思维、情感、行为等方面都有可能出现障碍，出现幻觉、被害妄想、思维混乱、认知困难等各种不正常表现。

变态人格是一种精神障碍疾病，包含自恋型人格、边缘型人格、精神分裂型人格甚至反社会型人格等多种类型，但无论是何种类型，其人格特征都明显偏离正常人群，变态的精神使其在社会活动中表现出异常的、不健康的甚至有害的行为方式。

有研究表明，双向情感障碍主要发生于成人早期，20 岁左右是精神分裂疾病的高发年龄。高等院校学生的思想仍未处于完全成熟阶段，且面对的压力和挫折不断增多，使得上述心理健康问题极易出现，必须加以关注和有效防控。

三、高等院校学生心理健康影响因素

心理健康问题虽然普遍存在于各类人群中，但由于自身特性和所处环境的差异，不同人群的心理健康问题诱因有很大差异。如前所述，高等院校学生处在一个较为独特的年龄阶段和生活环境阶段，具有较为典型的心理特征，这使得影响其心理健康问题的因素也有较为鲜明的自身特点。要精准应对高等院校学生的心理健康问题，必须科学分析高等院校学生心理健康问题的影响因素。

（一）人际关系的影响

人际关系本身就是一种心理状态，反映了人们交往时相互吸引、排斥或者抗拒的一种心理表现。良好的人际关系不但有助于个人的事业和生活，还会影响到人的身心健康状况。和谐积极的人际关系氛围会使人感到身心愉快、情绪饱满，从而乐观面对人生。糟糕的人际氛围则使人感到无助、沮丧，对生活失去信心和希望。人际关系对于高等院校学生的成长成才至关重要，也是高等院校学生心理健康研究需要关注的问题之一。

进入高校之前，学生们的人际关系圈相对简单，每天基本面对的都是对其呵护备至的家人和老师，与同学之间的交往也多为课上学习交流、课下娱乐交往的互动，人际关系氛围简单友好。进入高校后，大部分学生会远离家乡和亲人，在一个全新的环境中开始集体生活，人际关系问题瞬间复杂。

首先是人际交往圈扩大。在集体生活环境中，要与同寝室的室友每天相处，要和班级的同学朝夕相伴，要同学校教师、辅导员沟通联系，要通过网络等新的社交手段结识新朋友，还要在每天的生活中与各类人群交往，所面临的对象和交际问题比中学时成倍增多。

其次是人际关系处理复杂度增强。和父母一起生活时，可以随心所欲、唯我独尊，外部人际交往的一些问题亦可以在家长的帮助下轻易解决。而进入校园开始独自生活后，以往人际关系中的优势荡然无存，需要按照社会认知和规则处理和协调与人相处的问题，并独立解决各种问题。宿舍关系、同学关系、师生关系、朋友关系等会给一些高等院校学生，特别是刚进入学校的新生带来困扰。从家庭的独立空间进入高校开始集体生活后，个人的生活习惯、个性等都可能成为引发人际矛盾的问题，以往的我行我素的生活模式与集体生活相冲突、相矛盾、相妥协时，就可能出现不舒适感，出现个人不被尊重和认可的沮丧失落、被迫让步后的失落无助、被人孤立的忧郁焦虑、被激怒后的躁狂仇视等不健康心理状态。

高等院校学生心理健康状况容易受到人际关系问题的影响，与其所处的年龄阶段有很大关系。高等院校学生在年龄上正处于由未成年人向成年人的过渡时期，即使有的学生在生理年龄上已经步入成年人之列，但在心理和思想上仍不成熟。这一年龄阶段人群的心理较为敏感、脆弱，心理调节和适应能力还不完善，比较在意周围人的态度，老师、同学和朋友无心的一句话和一个举动就可能在其心理漾起波澜，很容易在人际交往过程中出现挫败感，进而出现负面的情绪和心理状态。特别是我国传统的家庭培养方式使得子女较为依赖家长，在中学时期独立思考和处理社会问题方面的锻炼不多，一旦进入高校开始独立生活，一些原本可以依靠父母解决的问题就要独自应对，造成措手不及的现象，而人际交往中的一些境遇和情绪也未能有效倾诉和释放，容易引发心理方面的问题，甚至造成更为严重的影响。

（二）恋爱问题的影响

恋爱是两个人彼此吸引、互相爱慕的一种状态，也是人类最美好和热烈的一种情感表达。恋爱在大学校园内是较为常见的现象，这是由于高等院校学生在生理上已经进入成熟阶段，比较容易被心仪的对象吸引而产生爱恋。此外，进入校园开始独立生活后，远离父母和家人的关爱也会使高等院校学生出现孤独感，在情感上更渴望有所依恋和寄托，因此，校园内的恋爱现象是较为普遍的。随着社会的发展和思想意识的进一步开放，高等院校中的恋爱比率不断增加，2008 年的统计调查数据表明，高等院校内有恋爱经历的人群比率约为 63.6%①，而 2020 年发布的《2019—2020 年全国大学生性与生殖健康调查报告》显示，有恋爱经历的高等院校学生数量接近 80%。对高等院校学生的恋爱现象，社会和家庭已经表现出更为开放和包容的态度，学生自身在恋爱问题上也表现出有时代特征的思维和行为模式，但无论人们对高等院校学生恋爱的观念和态度如何发展和改变，恋爱问题对高等院校学生心理健康状况的影响都是不容忽视的问题。

恋爱是非常美好的事情，在合适的阶段与合适的人谈一场合适的恋爱不但有利于身心发展，还会对个人的生活和事业起到积极的推动作用。高等院校内的恋爱也是一样的，建立在正确的恋爱观基础之上的爱情，会使

① 陈晓清：《加强失恋大学生心理健康教育》，《当代教育论坛》（校长教育研究）2008 年第 6 期，第 65～66 页。

双方更饱满地投入到学习中，乃至互相扶持携手一生，开创美好的未来生活。但恋爱也是一把双刃剑，也会产生一些负面的问题，一旦处理不好，甚至会伤及自身。对心理健康的影响就是恋爱中需要关注的问题。高等院校学生的心理年龄成长速度通常是落后于生理年龄的，由于心智尚未完全成熟，因此，恋爱过程中的各种问题就更容易对其心理健康产生影响和刺激。

恋爱挫折是影响高等院校学生心理健康问题的重要因素。保持某种情感状态的人通常是较为敏感的，恋爱中的人更是如此。处于恋爱状态的人通常情绪较平常激动和亢奋，一旦遇到被心仪对象拒绝或者恋爱对象提出分手等打击和挫折，个体就有可能体会到如被当头泼了一盆冷水般的刺激，产生抑郁、焦虑、恐慌、烦躁等情绪。

有学者通过“症状自评量表 SCL90”研究了恋爱挫折对高校学生心理健康的影响，发现在强迫、抑郁、焦虑、敌对、恐怖、偏执和精神病 7 个测试因子中，失恋组大学生的心理健康状况明显低于非失恋组。① 遭受恋爱挫折后产生的负面情绪如果得不到有效释放和疏导，长时间累积就会产生相应的心理问题。由于思想认知与情绪调节能力较低，又缺少适合的宣泄对象和渠道，一些高校学生在遭到恋爱挫折后，会长期陷入失落、郁闷、自卑、焦虑的痛苦之中，不但影响身体健康，还会使其心理持续处于痛苦和崩溃状态，甚至对生活失去信心，实施自残、自杀等极端行为。

除恋爱挫折外，恋爱过程中的其他一些问题也会影响高等院校学生的心理健康。例如，获得爱情时过于激动使心理长期处于亢奋状态，对于恋

---

① 王希华、张瑞：《失恋对大学生恋爱态度和心理健康的影响》，《中国健康心理学杂志》2011 年第 5 期，第 598 ~ 600 页。

爱对象控制欲、占有欲过强而表现出的过度狭隘或极端偏执状态等。由于对新鲜事物的好奇和不够成熟的思想，高等院校学生容易受到网络上一些多元观念和不良文化的影响，当代高等院校学生在恋爱观念和行为上也出现了与传统文化和认知不符甚至相悖的一面。《2019—2020 年全国高校大学生性与生殖健康调查报告》表明，我国高等院校学生的性取向中，双性恋和同性恋的比例分别高达 8.92% 和 4.58%，泛性恋和无性恋等非传统取向也有出现，恋爱交往中的一些非正常行为也不断出现，这些思想和行为都会在一定程度上影响高等院校学生的心理健康，一些调节和控制能力差的学生长期受此影响甚至可能出现变态心理，表现出变态人格。

（三）学业困难的影响

许多人认为中学时代是学习压力最大的阶段，因为在中学时期要面临高考的任务和挑战，竞争非常激烈，一旦考上大学，就不再受到学习问题的困扰了，心理上也再不会感受到学业的压力。然而实际情况并非如此，对于高等院校学生来说，学业任务依然繁重，学习上的困难和问题仍然是影响其心理健康问题的重要因素。

我国高等院校目前已经普遍采用学分制的教学管理方式，虽然不同院校的毕业学分要求有所差异，但学生一般情况下需要修满 140 ~ 200 学分的课程才能保证毕业。按照每一学分对应 16 学时的标准，每名学生在校期间需要参加约 3000 学时的课程学习并且通过考试，此外还有相当数量的社会实践、实习和毕业设计等学习任务量，学习任务仍然很重。随着国家对高等教育质量的重视，高等院校对学生的教学管理和考核要求也在不断提高，有的学校甚至不简单地以考试成绩及格作为取得学分和学位的标准，而采用末位淘汰的方式，督促学生在学习上投入更多的精力，取得更好的成绩。此外，学生的考试成绩也是日常考核和评优的重要依据，为了能在各项评比中获得优势，就必须在平时的学习中更加努力。因此，以往的只要考上大学就万事大吉的思想已经不能适应当今高等教育的模式了，要想在大学期间有所作为取得成绩，就必须在学业方面不断投入。

除了保证毕业所要学习的课程，为了更好地适应社会发展，为今后找工作积累更多的敲门砖，高等院校学生在校期间还要参加英语四、六级考试以及计算机等级考试等。一些对未来提早规划的学生，在大学期间还会投入到法律职业资格、会计师、心理咨询师等一些资格考试的学习中。要顺利通过这些考试，就需要大量的学习积累，这又进一步增加了高等院校学生的学习压力。这些来自学习方面的压力会使学生感到焦躁，感觉需要学习的内容太多、学业任务太重，特别是在竞争和内卷日益激烈的现实情况下，一些学生会感觉自己怎么学都比不上身边优秀的同学，出现挫败感。

在学校期间，能够在学习上投入更多的精力固然是一件好事，但也需要注意学习压力对在校学生心理健康问题的影响，不能一味强调加强学习而忽视对学生心理压力的调节和疏导。高等教育阶段的学习压力同样能使学生感到焦躁和恐慌，长时间的挫败感极有可能使其丧失对学习的信心和兴趣，出现自我否定和自卑感，甚至出现一些严重的心理问题。

（四）就业压力的影响

能够在毕业后找到一份理想的工作是绝大部分高等院校学生学习的动力和目标，就业问题也一直是高校学生和家长最为关心的方面。投入的关注度越高，思想和心理上受其影响的程度就会越大，因此，就业也必然成为影响高等院校学生心理健康问题的重要因素。焦虑是就业压力对心理产生的最典型影响，在就业过程中，外部环境和就业认知等都会引起高等院校学生的心理焦虑状态，进而诱发其心理和行为发生变化。

外部环境是影响就业焦虑的直接原因，目前我国高等院校学生的就业压力较大也与高校扩招和岗位不足等环境因素直接相关。自1999年开始，我国高校开始扩招，此后，高等教育事业快速发展，目前已经进入到高等教育的普及化阶段。高校毕业生人数也在扩招过程中不断增加，2023届高校毕业生已经超过了1100万人，庞大的毕业群体涌入社会必然带来就业方面的压力。

高校毕业生人数增多的同时，社会提供的工作岗位和机会却没有相应增加，甚至有所减少。智能化、机械化等新型的生产方式使工矿企业对工作人员的需求量下降，经济发展速度的放缓也时刻冲击和影响着各行业的用人需求，高等院校学生的就业问题受现实外部环境影响巨大。在就业困难的现实情况下，越来越多的高校毕业生不选择就业而是继续学习，我国研究生招生规模也不断扩大。2020年我国研究生入学人数首次突破百万大关，此后以每年10余万人的规模扩增。除考研深造外，一些应届毕业生还选择慢就业甚至躺平的方式。

考研人数日益增多和慢就业现象的出现，固然与人们思想意识的变化相关，但也是外部就业环境压力的作用结果。就业认知也是产生就业焦虑的重要原因，在高等院校学生的择业中表现得尤为突出，家庭和学生自身都会在择业过程中表现出一定的认知偏差。虽然我国的高等教育已经进入普及化阶段，高等院校中的学生占比已经达到适龄人群的半数以上，但在择业过程中，一些学生和家长，仍然存在大学生是天之骄子的观念，认为只要大学毕业就应该做收入高、社会认可度强的工作，造成择业观与实际情况之间的严重偏差，这种偏差和误判会直接导致求职碰壁。择业观的认知偏差是非常普遍的，例如，在每年的公务员招考中，都会见到数十人甚至几百人竞争一个岗位的情况，而在一些工作相对辛苦、岗位相对普通的工矿、私营企业等单位的招聘中，却经常出现无人关注的现象。就业认知的偏差极大影响高等院校毕业生对就业岗位的选择，也客观造成了学生的心理压力。

在外部环境和择业认知的影响下，就业问题给高等院校学生带来的压力愈发明显。他们在择业过程中不但要承受求职被拒的挫折，还要感受来自家庭、社会和自身的否定，焦躁情绪难以避免，其可能引发的深层次心理健康问题也必须得到关注和重视。

（五）社会家庭的影响

高等院校学生正处于由校园向社会的过渡时期，与社会的接触更加密切和广泛，思想观念和行为举止等更容易受到社会环境的影响。与社会接触的过程中，一些积极向上、正能量的事物会使高校学生树立正确的人生观和价值观，有益于身心健康和自身发展，但社会上的一些消极思想和负面思潮也会伴随学生的成长，可能对其心理发展带来不良影响。

社会上一些唯利是从的观念和现象会使一些高校学生将追求物质利益作为生活目标，忽视诚信等基本修养，对个人利益的过分看重也会使其更加在意得失，一旦在逐利过程中遭遇阻碍，思想上就可能出现问题，过于纠结影响其利益实现的人或事，甚至出现偏颇的思想。此外，高等院校学生与社会连接的途径和手段比以前更加丰富，互联网、微信、抖音等众多方式已经成为学生接触社会、认识世界的重要媒介。在纷繁复杂的网络信息中，不乏一些对心理健康有害的内容。网络中的暴力、色情和低俗内容会冲击高等院校学生的精神世界，诱发心理和人格的扭曲。思想意识尚未完全成熟的高等院校学生，还会受到一些无脑泡沫剧情的影响，沉浸在主人公浪漫的爱情、高超的个人能力和优越的生活条件之中，一旦回到现实生活，立刻感受到巨大落差，形成思想上的负担。社会对高等院校学生心理健康的影响不但表现在对其思想意识的形成和改变上，还会在具体事情上直接刺激其心理。社会活动中接触到的人不可能都像家人一样事事迁就，遇到的事情也不可能都称心如意，人际交往、同学关系、学业难题、就业压力等都是社会活动过程中要面临的问题，也是高等院校学生心理健康问题的重要诱因。

来自家庭内的一些事情也是高等院校学生心理健康的影响因素。高等院校学生会与来自不同背景条件的同学一起生活，容易在与其他同学相处过程中产生攀比心理。如果自身家庭条件明显比其他同学好，就可能出现高高在上的优越感，产生自大骄傲的心理。有一些家庭比较困难的学生，会出现自卑感，刻意逃避与其他同学相处，表现出不自信、怯懦的状态，甚至出现对父母、家庭和他人的抱怨心理。对于高等院校学生，家庭是重要的精神寄托，家里的一些突然变故也会对其心理造成剧烈刺激，造成急性应激心理障碍。高等院校学生虽然已经成年，但其自身能力尚不足以解决和处理家庭中遇到的一些困难，当获悉家庭中的困境而又无能为力时，可能陷入无助和自责，长时间陷入此种情绪会引发忧郁症、恐惧症等心理疾病。

社会和家庭与高等院校学生的生活息息相关，是学生心理感知的重要方面。要认识到社会和家庭对学生心理健康影响的重要性，努力营造良好的社会和家庭氛围，引导学生树立正确的人生观和世界观，同时不断增强高等院校学生认识社会的能力，提升抗挫折能力，使其在困境中能保持健康的心理状态，并积极应对和解决困难。

（六）身心状况的影响

生理健康和心理健康是健康的两大重要支柱，也是衡量个人健康程度的核心指标。生理健康和心理健康既分别影响人的健康状态，又相互协调和作用。心理健康状况会通过情绪等传导给身体器官，使相应器官和身体功能在某种心理状态支配下做出反应。短时间的情绪刺激反应会随着心理状态的改善而消除，但如果长期受到某种情绪，特别是负面情绪的控制，人的身体机能就可能在心理状态影响下出现难以调节和恢复的问题，造成身体健康方面的伤害。

心理健康会影响和作用于生理健康，同样，一个人的性格和身体方面的状况也决定着其心理健康水平。身心状况较好的人，通常会具有更加健康的心理。身心状况的水平可以通过以下几个方面进行衡量。

一是精神正常，没有可能产生心理问题的精神类疾病，具有符合社会认知的思维能力，智商达标。研究表明，许多心理疾病都是与人的神经功能相关的，在遗传、内分泌紊乱、神经发育异常和外部感染等因素影响下，人的神经系统和相应功能都有可能出现损坏，在精神、智力和思维方面出现异常，存在此种生理问题的人更容易产生心理疾病。

二是性情良好，能够保持开朗乐观的性格和积极向上的心态。性格和心态既受到遗传因素影响，又与人后天的自我塑造和修养紧密联系。具有健康性情和心态的人，对于情绪的控制和自我调节能力较强，对各种问题能够泰然处之、荣辱不惊，在面对惊喜或困境时，能更快速地调整心态，使意识和行为处于更加理性的状态，不过多地被情绪控制。健康平和的心态又能使其具有更加端正的人生态度，对待人和事会从好的方面去想、去做，容易获得满足感和幸福感。

三是思想成熟，内心强大，抗挫折能力强。思想发展水平也是人重要的身心状态指标，健全的心智离不开成熟的思想，认知能力越强对事物的分析就会越透彻，遇到问题时的适应能力也就越高，难题也会更有效及时地解决，避免心理问题的出现和产生。

四是身体健康，没有严重的影响参与社会活动的疾病和残障。良好的身体健康状况会增强个人自信心，也能为人的正常生活和各项社会活动的参与提供支持和保障。身体健康问题会困扰人的精神状态，患有疾病和身体残障的人，思想上的负担较重，更容易出现抑郁、焦虑等情绪，出现心理健康问题的可能性更大。

身心状况对心理健康有直接的影响，特别是高等院校学生，由于思想尚未完全成熟，性情仍处于不稳定状态，身体也正在从发育期过渡到成熟期，心理健康水平更容易受到生理健康条件的作用和控制。在高等院校学生的心理健康问题研究中，必须重视对身心状况的关注，通过塑造高等院校学生的健康体魄、良好性格和成熟思想增进其心理健康。

第三节　高等院校心理健康教育工作存在的问题

心理健康教育是提升高等院校学生抗挫折能力的有效手段，也是高等院校人才培养工作的重要内容。在国家的高度重视下，我国高等院校的心理健康教育工作已经取得了长足的发展，有了很大进步。但目前高等院校学生在面对挫折时的实际表现仍不理想，抗挫折能力需要进一步提升。结合对高等院校学生挫折成因和表现的分析，高等院校的心理健康教育工作在以下方面还存在一定的不足，有待提升。

一、心理健康教育机制尚不完善

高等院校已经普遍意识到了科学完善的运行机制是保障心理健康教育工作正常开展和良性发展的基本前提，并围绕管理、目标、实施和评价等各个方面，建立了相应的心理健康教育工作机制，但在机制的运转过程中，仍然显露出一定的缺陷和不足。

在心理健康教育的管理机制方面，没能充分协调和调动学校各层级和部门发挥作用，出现高等院校学生的心理健康教育工作完全由学管教师和辅导员开展，缺少其他人员联动和配合的问题。在心理健康教育的协同机制建设上，还未能提出较为明确的学校、家庭和社会协同教育的流程，对于德育教育等思想政治教育工作手段与心理健康教育的协作配合研究不多。在专业课程和实践活动中渗透心理健康教育因素的工作机制探讨也较少。以上工作机制方面存在的不足，影响了高等院校学生心理健康教育工作的实施效果。

二、心理健康教育方法亟待拓展

开设心理健康课程和日常的心理咨询辅导是目前高等院校心理健康教育最为核心和重要的途径，虽然理论讲授和心理辅导的方法能在一定程度上解决高等院校学生心理上的困惑，但这些方法也在教育的持续性和受众的普遍性上存在不足。

高等院校的心理健康课程通常在一年级开设，并不会贯穿整个大学学习的全过程，而高等院校学生心理问题的产生具有随机性和不确定性，整个学习生涯中都存在引发心理健康问题的潜在因素，因此，高等院校的心理健康教育应更加注重持续性。日常的心理咨询和辅导能够在一定程度上解决上述问题，但也要考虑到相当一部分学生不愿意主动寻求心理帮助的实际情况。此外，目前心理健康教育的形式较为单一，对学生缺乏吸引力，这也严重影响了高等院校心理健康教育的质量。

高等院校应针对以上问题积极探索形式多样、效果良好的心理健康教育模式和方法。在专业课教学中挖掘课程内容与心理健康教育的契合点，合理融入心理健康教育的内容，使学生在专业知识的学习过程中，思想意识和道德素质也得到潜移默化的影响和提升，在达成学科教学目标的同时，实现对学生心理健康的持续教育。校园活动是极其丰富多彩的，心理健康教育也可以依托这些对学生具有吸引力的活动，在各类社团活动、班级活动和文体活动中渗透心理教育内容，在丰富创新活动载体的同时，改善高等院校学生对心理健康教育工作的认可度和参与度。

三、心理健康教育力量亟须夯实

力量不足的问题是影响高等院校学生心理健康教育工作发展的重要原因。人是推动事物发展的最根本要素，心理健康教育工作同样需要大量的具有专业能力的人员参与其中。学校是高等院校学生心理健康教育的最主要阵地，教师是高等院校学生心理健康教育的最重要力量。目前高等院校心理健康教育工作主要由相关专业教师和辅导员具体实施，相对于庞大的学生数量，专门从事心理健康教育的教师人数明显不足，心理健康工作无法有效覆盖到每一名学生。

除了师资人数的不足，心理健康教育工作人员的业务能力也存在差距。一些高等院校的心理健康课程教师是由德育或思政教师兼任的，缺少相关的专业培训。特别是高等院校中的很多辅导员，并没有心理健康专业的学科基础，难以对学生进行专业、深入的指导。

因此，高等院校应该积极思考心理健康教育师资队伍的建设问题，通过加强业务培训、优化师资队伍、发挥协同效应等多种手段，建立起以心理健康教育专任教师和辅导员为主体、全体教职工广泛参与的、具有较强专业素养和工作能力的心理健康教育师资体系。

四、心理健康教育实践有待加强

实践效果不佳也是目前高等院校心理健康教育工作的普遍现象。由于在心理健康教育的方法上缺少设计、执行上缺少管理、评价上缺少标准，高等院校心理健康教育工做出现流于形式、实际价值弱化的现象。

在心理健康的教学实践中，“大学生心理健康教育”虽然是每个学生都要学习的一门公共课，但由于对该课程的考核并不严格，课程内容相对没有吸引力，教学组织也缺少设计，因此无论是教师还是学生，都对课程的热情不高，许多学生在结课后甚至不知道该课程的主要内容是什么。对于学校内开设的心理咨询室和谈心室，由于缺少必要宣传和引导，也几乎无人问津，有的甚至已经被挪为他用。高等院校心理健康教育的课程和机构还没有在实践中发挥出应有的效力。

针对目前存在于高等院校心理健康教育工作中的问题，需要从教育机制、教育形式等方面进行调整和完善，整合高等院校心理健康教育工作力量，优化心理健康教育工作手段，探索心理健康教育实施路径，进一步增强高等院校心理健康教育工作在学生抗挫折能力培养方面的作用。

高等教育事业的进步使我国高等院校数量和在校学生规模都达到了前所未有的程度，高等教育事业的发展也有力支撑了社会的进步和经济的飞跃。高等院校学生是国家发展的潜在推动力，在对其进行专业教育和技能培养的同时，现代高等院校人才培养工作应重视学生的心理健康教育，充分认识到青少年阶段心理健康疾病多发的现实情况，了解高等院校学生心理特点和常见心理疾病，掌握高等院校学生心理健康问题的产生原因，有针对性地开展高等院校学生的心理健康教育工作，培养出既具有扎实知识储备和专业技能，又有健康心理和强壮体魄的新时代中国特色社会主义事业的建设者和接班人。

第三章

高等院校学生挫折教育研究的意义和现状

心理健康问题的种类很多，抑郁、焦虑和恐惧等是较为普遍和严重的心理问题，此类心理问题严重影响人的精神状态，削弱其参加社会活动甚至维持正常生活的能力。上述心理问题产生的原因很多，既有与个体自身相关的生物学原因、病理原因，又有与所处成长环境和面临境遇相关的外界原因，在众多的原因之中，受挫是抑郁、焦虑和恐惧等心理疾病的最为重要的诱因之一。在不同挫折情境中产生的挫败感会极大影响人的心理状态。因此，心理健康研究必须重视对挫折问题的关注。

第一节　高等院校学生挫折教育研究的意义

人的一生中不可避免地会遇到挫折，但挫折对个人产生的影响结果却不尽相同。有的人会被困难击倒打垮，在心理上出现各种负面情绪；有的人则能客观看待挫折，快速调整心理状态，反而在挫折情境下被激发出更多的潜能和斗志迎接挑战。

每个人的性格特征固然会决定其在面对挫折时的不同表现和反应，但科学的引导和教育也同样会改善人的认知和心理健康水平，对抗挫折能力的提升起到积极作用。挫折教育对所有人都非常有益和必要，对于高等院校学生更是作用重大。前文中详细分析了目前我国高等院校学生的主要心理特征、心理问题和产生原因，可以发现：高等院校学生的认识和解决问题的能力还不完善，思想还未完全成熟，心理水平仍处在成长建设阶段，心理相对脆弱，抗挫折能力有待提高。而在高等院校学习时期，其又处于从家庭走向社会的过渡阶段，需要其独立思考和面对的问题纷至沓来，所遇到的困境日渐增多，个人能力和外界压力之间的不平衡、不对称，必然会使高等院校学生比其他人群更多地被挫折所困，并表现出相应的心理和行为问题。高等院校学生是国家重要的后备力量，其抗挫折能力水平高低将直接影响社会未来的发展，关注和研究高等院校学生的挫折教育具有重要的意义。

一、挫折教育是贯彻思想政治教育工作要求的具体体现

高等院校学生是祖国未来的建设者和接班人，国家历来重视高等院校

思想政治教育工作，始终把理想信念、爱国主义、道德规范等作为高等院校思想政治教育工作的着眼点。正确的人生观和价值观的树立，积极向上、阳光健康心理状态的培养，对于高等院校学生践行国家思想政治教育工作要求具有极大推动作用。通过挫折教育的手段，可以引导学生增强理想信念，感受到更大的使命感，将国家发展和民族振兴当作义不容辞的责任，树立对人生价值的正确认知。在挫折教育的过程中，使高等院校学生不再纠结和苦恼于学习和生活中的一些琐事，在提升心理健康水平的同时，树立更远大的奋斗目标，形成更开阔的人生格局。因此，在高等院校开展挫折教育是贯彻党和国家高等教育思想政治教育工作要求的具体体现，可以有效提升高等院校思想政治教育工作成果。

二、挫折教育是促进学生思想成熟心理健康的重要手段

高等院校学生正处于身心成长和发展的过程中，在思想上和心理上表现出显著特征。① 他们正处于智力水平发展的巅峰阶段，加之所处的学习环境和氛围，使其求知欲更加强烈，探索和接受新事物的意愿更加突出。此外，由于正处于思想和身体的活跃期，高等院校学生的参与意识和情感需求也大幅增强，更期盼能够参与到各种活动和事物中，在其中展现自己的能力，也更渴望与身边的同学、朋友、异性互动交流，获得情感上的依赖。因此，高等院校学生通常都会比以往更积极地投入到学习、活动和人际交往之中，生活的内容更加丰富，见到的人和事也更加多样。随着与外

① 吴禹、赵阿勐、厉虹等：《青年大学生心理健康教育的发展概况及对策》，《齐齐哈尔医学院学报》2023 年第 10 期，第 988 ~ 992 页。

界环境接触的增多，遭受到不符自身预期和心愿的事情也相应增加，挫折情境不断出现。青年人正处于独立意识和批判精神较为强烈的时期，有主见和头脑，并且可能过分相信和坚持自己的想法，不愿意接受别人的意见，因此当其面对学习和生活中的事情时，就容易将一些本来无关紧要的事情想得复杂甚至极端，影响身心健康。挫折教育可以对高等院校学生的思想进行有效引导，使其更加清晰地认识自身的心理特征，客观认知校园生活中经历的各种人和事，更加成熟和理性地分析和解决问题，保持健康的心理状态。

三、挫折教育是确保学生校园学习生活开展的有力保障

正常的生活离不开健康的心理，高等院校学生的校园生活也是如此，良好的心理健康状况是学生开展学习和生活的基本前提。高等院校学生的一些典型心理问题一直存在，心理承受能力差、心理调节能弱、意志品质薄弱、自卑心理明显、嫉妒情绪严重、人际关系敏感等都困扰着其正常的学习和生活。① 在这些心理问题影响下，有的学生会出现抑郁和强迫症问题，表现出对人或事的敌对逃避情绪，甚至发生过激的暴力行为。如何通过有效手段健全高等院校学生心理，使其在健康的心理条件支撑下更好地开展大学生活，是高等院校心理健康工作的重要内容。挫折教育为此提供了有力保障，通过有效的手段和方法，可以树立学生正确的人生观，消除其思想上的错误认知，以更端正和健康的态度看待身边的人和事，将更多

---

① 卫雁娇：《当代大学生主要心理问题分析及对策研究》，《科学之友》2010 年第 5 期，第 137 ~ 138 页。

的精力用到学习上。即使遇到影响其学习和生活的问题和挫折，也能以更佳的心理状态应对和解决。

四、挫折教育是提升抗压能力和社会竞争力的有效方法

压力和竞争普遍存在于现代社会，高等院校作为社会的重要组成部分，同样充满了各种压力和竞争。压力和竞争是社会发展的动力，适度的压力和竞争的环境能使人激发出更多的斗志和潜力，创造出更大的成绩。每个人对压力和竞争的承受能力不同，有的人即使在微不足道的困难面前也会一蹶不振。高等院校期间是青年人意志品质成熟和完善的重要时期，在此阶段高等院校学生遇到的问题变得越来越多，在缺少以往来自家庭支持和帮助的条件下，更多地需要依靠自己去面对和处理问题，其应对问题的能力和解决困难的水平都将在此时得到锻炼和提升。通过挫折教育的手段，能够有效提升高等院校学生的抗挫折心理水平，磨炼意志品质，获得坚毅的性格、坚强的心理和卓越的能力，能够应对学习和生活中的各种压力，不被困难所击倒，在校园生活和今后的工作中表现出更高的竞争能力。

第二节　高等院校学生挫折教育研究现状

我国的挫折教育最早的研究是面向幼儿教育，后来在社会热点关注下转向了中小学生。虽然我国挫折教育研究起步阶段的关注人群主要为中小学生，但也有人注意到了开展大学生挫折教育的重要性，并提出了相应的

观点和方法。例如，杨晓苏在1994年就结合一起女大学生自杀案件发表文章，提出应该重视大学生的挫折教育工作。① 1996年中国心理学会的一次抽样调查表明，当时约有四分之一的被调查大学生表现出心理承受能力脆弱、经不起挫折的问题，甚至一些根本称不上挫折的事情也可能使其感到萎靡、沮丧甚至崩溃。② 在此背景下，高等院校学生的心理健康问题得到了社会进一步关注。

随着挫折教育理论的逐渐发展与成熟以及国家对大学生心理健康工作的日益关注，我国的挫折教育研究重点也逐渐向高等院校学生群体迁移。对国内期刊上可查阅到的挫折教育相关文献进行统计发现，"大学生"是此类文献中排在第二位的高频关键词，仅略低于排在第一位的"挫折教育"一词，说明大学生人群的挫折教育问题已经是该研究领域的热点。王中华等人在对2000—2019年中国知网收录的189篇与挫折教育相关的中文核心期刊论文进行分析后发现，在相关的挫折教育文献中，被引频次达到50次以上的大多数是有关大学生群体挫折教育研究方面的。③ 科研论文被引用频次越高，说明该文章在这一领域的研究价值越大，知识累积越多。

大学生挫折教育文献的高频引用率表明其研究热度较高，这非常符合高等院校学生心理健康教育工作的现实需求。鉴于高等院校学生自身的心理特征和生活环境，挫折已经成为影响其心理健康的重要因素，高等院校学生又处于从校园向社会过渡的关键阶段，其心理健康水平也直接影响其

---

① 杨晓苏：《应重视对大学生进行挫折教育：从一例女大学生自杀个案引出的思考》，《青年研究》1994年第10期，第18～21页。

② 李明英：《论大学生的挫折教育》，《中国高教研究》1998年第2期，第36～37页。

③ 王中华、詹艳：《挫折教育研究的脉络及趋势：基于CNKI2000－2019年核心期刊的可视化分析》，《教育探索》2019年第2期，第11～16页。

今后参与社会工作和活动的能力及表现，因此，高等院校学生的挫折教育问题得到重点关注是必然的，而且在今后也仍将是该领域的重点研究内容。

一、高等院校学生挫折教育研究的主要方向

目前，对于高等院校学生的挫折教育研究，主要集中在挫折教育必要性研究、高等院校学生抗挫折能力现状分析、高等院校学生挫折表现和来源研究以及高等院校挫折教育方法手段和实现途径等几个方面。

（一）高等院校学生挫折教育必要性的研究

无论是社会科学还是自然科学，其研究的内容一定要具有实际意义，能够解释、解决实际存在的问题或为未来的发展提出方向和建立基础。挫折教育的研究工作同样应该具有实际意义，需要体现出研究价值，因此，对于研究必要性的讨论，是目前高等院校挫折教育研究的关注重点之一。

任福全等从理论意义和实践意义两个方面分析了开展挫折教育的必要性，认为在理论意义上，挫折教育研究是对教育因材施教和对教育主体性原理等教育理论的有效延伸，有利于思想政治德育教育相关理论和方法的完善；在实践意义上，挫折教育则能有效提升大学生心理抗挫能力，减少挫折事件对大学生产生的负面影响，预防大学生其他心理问题，有利于全面发展的高素质人才培养。①

王飞认为，挫折教育是思想政治教育的重要内容，是思想政治教育生活化的重要切入点，挫折教育研究与学生的实际生活关系密切，是培养大

① 任福全、王乐：《当代大学生挫折教育综述》，《广西青年干部学院学报》2014年第2期，第30～33页。

学生完善人格、优秀品格的重要抓手。①

笔者也曾对大学生挫折教育研究的意义进行过探究，认为当代大学生处于社会环境的剧变时期，其心理活动较之以往任何时期的大学生都更加复杂，在实际的学生工作中发现，部分大学生表现出抗挫折能力差的特征。提高大学生对挫折的认识，培养大学生克服困难、战胜挫折的能力，有助于大学生的健康成长，也是摆在高等院校教育工作者面前的一项重要而现实的课题。②

通过相关的调研分析，可以看出挫折教育研究对于高等院校学生素质培养和德育教育具有极其重要的意义。

（二）高等院校学生抗挫折能力现状的研究

挫折教育研究的根本目的是要结合研究对象的实际情况，针对性地提出具体的改善途径和教育手段。科学的挫折教育实现路径是要建立在对高等院校学生心理状况和抗挫折能力的实际调研工作上的。因此，对于高等院校学生抗挫折能力实际情况的调查和分析，也是高等院校学生挫折教育研究的重要内容。

董转年等人对大学生常见的心理问题进行了分析，认为缺少自我意识、淡漠心理、自卑心理和畏难心理是当代大学生中较为常见的心理特征，直接影响大学生处理问题的能力和表现，造成其抗挫折能力较差的情况③。

---

① 王飞：《〈孟子〉中的挫折思想对当代大学生挫折教育的启示》，《当代教育论坛》（综合版）2011 年第 7 期，第 9～11 页。

② 王宇丹：《当代大学生挫折教育的现实意义》，《辽宁行政学院学报》2011 年第 1 期，第 102、110 页。

③ 董转年、许竟成、王育胜：《当代大学生常见的心理问题及解决对策》，《黄山学院学报》2014 年第 1 期，第 109～110 页。

刘兴聪在其研究中认为，青年人在面对多元的社会时，会感到巨大的压力和由此带来的困惑和不安，因此会在思想和行动上体会到很多的挫折感，感到无所适从。①

也有学者专门针对某一类高等院校学生群体开展研究，例如，梁慧芳等人针对高职新生的抗挫折能力现状进行调研，发现高职院校新生中约有5%的人认为自己是落后生、在未来的工作和生活中会低人一等的想法，3%的学生出现了焦虑、依赖和自卑的心理特征，甚至有一些学生在面对困难和挫折时表现出意志消沉、远离逃避的现象，旷课、逃课等现象时有发生。②

在对民办大学学生的心理健康状况研究中也显示出类似的问题，意志不坚强、对现状听之任之、随波逐流、逃避挑战等情况较为突出。这些现象也反映出大学生群体中存在的应对挫折能力不强的问题。③

（三）高等院校学生挫折表现和反应的研究

遭受挫折时的表现能够准确反映出个体的心理状况，全面了解和掌握高等院校学生受挫后的表现，是针对性分析其心理状态成因的前提。目前对于高等院校学生受挫表现和反应的研究开展较为充分，研究者多为高等院校内专门从事思想政治教育工作的教师或开展此方面研究的研究生。

陈玉梅将大学生的挫折表现形式总结为学业、情感和人际交往等方

① 刘兴聪：《当代青年承受挫折能力问题分析》，长春工业大学2016年硕士学位论文。

② 梁芳慧、董丽丹、董佩玲等：《高职高专“90后”新生的教育与管理》，《高等院校辅导员学刊》2010年第4期，第21~22页。

③ 任东方：《民办高等院校大学生抗挫折现状、原因及对策》，《中外企业家》2014年第8期，第218~219页。

面。[①] 任红印采用文献分析和访谈相结合的方法，对大学生受挫后的表现进行研究，发现挫折虽然能够给学生带来消极和积极两方面的影响，但更需要引起注意的是挫折的消极影响，焦虑情绪、攻击行为、退缩行为和固执行为是较为典型的受挫表现。[②]

由于具备与学生充分接触的条件，高校思想政治教育工作者对学生受挫表现研究得较为深入，甚至对其在各种不同挫折情境下的表现都进行了研究。例如，有人专门探讨了大学生就业过程中的挫折表现[③④]，发现除了由于就业压力产生焦虑表现外，悲观、失望甚至嫉妒等也是就业挫折带给高等院校学生的较为常见的情绪反应。林良盛对大学生在申请入党时的心理表现进行了调研分析，通过发放调查问卷的形式掌握了所调研学校内部分学生申请入党过程中的心理状态，发现大部分学生在入党受挫时能够正视问题、寻找差距、保持健康的心理，但也有学生表现出焦虑、压抑等受挫反应，甚至有9%的调研对象出现逆反心理，不客观分析原因，固执地认为在申请入党过程中有不公平的情况，还有18%的人出现了“实现不了就算了”的退行心理反应。[⑤]

对于高等院校学生在不同挫折情境下的表现和反应研究，有助于针对

① 陈玉梅：《大学生挫折的表现形式及对策分析》，《沧州师范专科学校学报》2008年第1期，第65~66页。

② 任红印：《大学生受挫后的消极表现及教育建议》，《周口师范学院学报》2012年第6期，第136~138页。

③ 姜乐：《大学生择业受挫心理的表现及对策分析》，《佳木斯教育学院学报》2012年第6期，第274~275页。

④ 廖志成：《就业艰难时期大学生挫折心理分析与教育》，《广东工业大学学报》（社会科学版）2010年第3期，第51~57页。

⑤ 林良盛：《大学生入党挫折表现及其对策研究》，《兰州教育学院学报》2013年第7期，第96~98页。

性地发现和探究高等院校学生的挫折来源，对高等院校的挫折教育研究工作极为重要。

（四）高等院校学生挫折心理影响因素研究

高等院校学生处在一个相对复杂的人生时期，可能面对和需要思考的问题较多，来自学业、生活、交际等各个方面的事情时刻影响其思想、情绪和行为。同时，高等院校学生在身心发展和所处环境上又有很多特点，使得其心理健康问题的形成过程也有自身鲜明特征，因此，高等院校学生挫折心理产生的原因也是挫折教育研究的重要内容之一。

有人从高等院校学生学习、生活的现实环境方面分析了高等院校学生的挫折来源，探讨了学业①、就业②、恋爱③、人际交往④等过程中他们可能感受到的困境和压力。也有学者从学生自身的主观原因和社会、学校和家庭在学生成长过程中所发挥的客观作用等方面分析了高等院校学生挫折心理的影响因素，认为学生的个性特征、认知能力和实践经验是形成其挫折反应的重要主观因素⑤，自我意识模糊、信念不强、意志薄弱、适应能力差、实践锻炼不足等都是导致高等院校学生抗挫折能力较差的主观因

① 朱延君、张爱玲：《大学生抗挫折教育探究》，《广西青年干部学院学报,》2020 年第 3 期，第 32 ~ 35 页。

② 肖丽卿、方鸿志：《大学生挫折教育的影响因素及对策研究》，《太原城市职业技术学院学报》2022 年第 4 期，第 180 ~ 182 页。

③ 檀芬、张福珍：《当代大学生恋爱挫折研究综述》，《科教文汇》（中旬刊）2016 年第 1 期，第 144 ~ 145 页。

④ 陈春林、顾敏：《高职院校学生人际交往抗挫折能力培养研究》，《山东电力高等专科学校学报》2023 年第 6 我，第 59 ~ 63 页。

⑤ 曹静：《新时代大学生抗挫折教育问题探析》，《科学咨询》（科技·管理）2021 年第 14 期，第 205 ~ 206 页。

素①。同时，社会、学校和家庭在高等院校学生的挫折教育工作中也发挥着重要作用，对学生树立正确的挫折观、形成坚毅的性格品质、提升抗挫折能力、化解挫折难题具有重要作用。②

（五）高等院校学生挫折教育方法手段研究

高等院校挫折教育研究的根本目的是要提升学生抵抗挫折的能力，为实现这一目的，需要依靠研究和采用一些行之有效的挫折教育方法和手段。

有研究从宏观和理论层面探讨了开展高等院校挫折教育的方法，认为挫折教育的有效开展应注重构建顶层思想引领体系，构建以学生为中心的教育培养体系，构建实践育人发展支撑体系，构建合作共育的实践体系。③也有关于挫折教育模式方面的探讨，如基于认知、情感和意志三个维度建立高等院校学生挫折教育模式的研究。④ 更多的研究则关注于开展挫折教育的具体方法，如有文献提出可以通过自我教育的方法使大学生自觉形成对挫折的正确认知，在主动完善自我心理调节的同时，提升心理素质和抗挫折的能力。⑤ 社会、学校和家庭的协同力量对于挫折教育的重要作用也受到了重视，一些关于如何完善校园挫折教育的方法、优化家庭挫折教育

---

① 李玲：《大学生挫折心理成因分析》，《华东纸业》2021 年第 5 期，第 110 ~ 113 页。

② 吕楠楠、王蕊：《新时代大学生学业挫折教育研究》，《重庆电子工程职业学院学报》2023 年第 3 期，第 48 ~ 52 页。

③ 张斌、李爽：《有效开展大学生挫折教育的方法探究》，《学校党建与思想教育》2021 年第 18 期，第 39 ~ 40 页。

④ 海洁美、郝桂荣：《大学生知、情、意三维挫折教育模式研究》，《中国教育技术装备》2012 年第 32 期，第 75 ~ 77 页。

⑤ 樊亚茹、方鸿志：《自我教育法在大学生挫折教育中的有效运用》，《宁德师范学院学报》（哲学社会科学版）2016 年第 3 期，第 121 ~ 124 页。

的手段和提升社会挫折教育氛围的方法不断地被探究。

（六）高等院校学生挫折教育实践途径研究

挫折教育的手段和方法的有效性需要在实践中加以检验，有关挫折教育的实践问题研究和探索也是挫折教育研究工作重点关注的内容。

在实践途径研究方面，有挫折教育实践理念方面的研究内容，如方鸿志教授在其《思想政治教育视域下大学生挫折教育研究》中提出的要立足挫折预防教育，通过实践构建挫折防御机制的思路。① 陈森歆等也在研究中表明应加强挫折教育的实践活动，并提出了具体建议，例如，可以通过让大学生参与实际的乡村振兴等工作，感受和了解实际生活，独立面对和解决问题，在实践中磨炼意志。② 校园内的挫折教育实践方面的研究相对更多一些，在通过德育教育③、课程思政④和体育锻炼⑤等实践措施提升大学生抗挫折能力方面开展了许多研究。

二、高等院校学生挫折教育的研究方法

各类研究工作都要依托科学的方法，在高等院校学生挫折教育的研究过程中，也要结合具体内容合理运用相应研究方法。挫折教育研究中经常

---

① 方鸿志：《思想政治教育视域下大学生挫折教育研究》，中国社会科学出版社 2015 年版。

② 陈森歆、李炽平、余浩洋：《新时代大学生挫折教育实践创新》，《教育教学论坛》2023 年第 6 期，第 164 ~ 167 页。

③ 刘先江、张浩宇：《长征精神融入新时代大学生挫折教育探析》，《辽宁教育行政学院学报》2021 年第期，第 52 ~ 57 页。

④ 朱丽霞、吴棒：《论马克思主义生命观融入高等院校体育课程思政的价值意蕴及实践路径》，《武汉体育学院学报》2022 年第 11 期，第 54 ~ 60 页。

⑤ 陈雁秋：《基于体育手段的大学生挫折教育实践研究》，《运动》2016 年第 6 期，第 33 ~ 34 页。

用到的研究方法有经验总结法、文献研究法、问卷调查法、统计分析法、个案研究法、比较分析法和实践检验法等。

（一）经验总结法

经验总结法是指研究者对实践活动中出现的具体问题和情况进行分析和归纳，在此之上形成系统化、理论化的经验。

高等院校学生挫折教育研究中的很多内容是需要对实际情况进行分析总结的，因此经验总结法成为挫折教育研究中最为常见的一种方法。例如，对于高等院校学生抗挫折能力的现状分析，就需要建立在研究者与学生经常性的接触之上，在接触过程中可以体会和感觉到学生在不同情境下的心理状况和行为表现，形成对学生挫折表现的认知经验。通过对挫折情境与挫折情绪的关联分析，可以总结出研究对象的抗挫折能力水平，进而对研究群体的挫折耐受力做出判断。

（二）文献研究法

文献研究法对于任何一项研究工作都是非常有帮助的，在高等院校学生挫折教育研究过程中，其同样发挥了重要作用。文献研究具有资料翔实、客观、研究效率高等优势，通过搜集、鉴别和整理相关文献，可以获得高等院校学生挫折教育研究的发展状况、研究方向、重要成果和亟待解决的问题等各个方面的信息，能够为相关研究提供准确的基础数据信息，拓宽研究的视野和思路。

（三）问卷调查法

问卷调查法是社会调查中较为广泛使用的一种方法。调查者根据研究内容设计问题或表格，通过网络、纸质媒介等形式发放给受调人群，回收后对有效问卷进行分析和研判，进而得到相关的支撑数据和信息。

挫折教育研究过程中，为了获得用于统计分析的基础数据和信息，研究者通常会参照李克特量表、SCL-90 抑郁自测量表等调查表格，根据需要设计不同调查维度和因子的题目，以此获取与高等院校学生心理状况和行为表现相关的各种信息。由于问卷调查法避免了与被调查人面对面的接触，因此获得的信息更准确、可靠。被调查者按照设定题目进行回答，也使得到的信息更加规范化和标准化，特别是在信息技术快速发展的背景下，通过网络开展的问卷调查更加便捷，也更容易被青年人接受。因此，问卷调查法成为高等院校学生挫折教育研究的重要信息来源。

（四）统计分析法

统计分析法是运用数学模型对调查获取的数据及资料信息进行数理统计和分析，进而形成定量的结论，揭示事物各变量之间的内在联系、发展规律和发展趋势的一种科学研究方法。在挫折教育研究中，必须依靠科学的方法对问卷调查中获取的大量数据和信息进行统计分析，才能明确抗挫折认知、抗挫能力等变量受性别、年龄、成长经历、家庭环境等各种因子的影响情况，为相应研究结论的获得提供可靠支撑。

（五）个案研究法

高等院校学生挫折教育的研究涵盖人群广泛，其中会出现在某一个时期引起社会关注的人。虽然这些成为热点的人表现出的行为并不具有普遍性，但导致其行为的心理问题和环境条件却具有一定的代表性。

高等院校挫折教育研究的重要目的之一就是要及时发现影响学生心理健康的共性问题，并制定对策加以解决。对典型案例的研究，能够透过局部看全貌，依托个案找规律，有助于研究者发现问题和确定工作方向。以往校园内发生的一些杀人案、投毒案、自残自杀案等，虽然是较为极端和罕见的，但其中反映出的大学生心理健康问题却值得深思，许多高等院校挫折教育方面的研究也将此作为典型案例，深刻剖析案件中反映出的问题，并积极探索解决途径。对个案的研究不但是大学生挫折教育的重要手段，也推动了许多大学生思想政治教育举措的出台。

（六）比较分析法

在挫折教育的研究中，需要发现学生在挫折认知、抗挫折能力等方面存在的一些问题，这些问题严重程度的评价需要建立在一定的比较研究基础上。很多研究中指出当代大学生抗挫折能力较以往更差，这些结论是不能建立在主观臆想和猜测上的，一定要在相关评价维度上与以往的大学生进行比较研究。挫折教育研究的其他许多内容也需要通过比较分析得出结论，例如，在女大学生就业挫折的研究中，就需要有与同学校同专业男同学就业率的比较数据加以支撑。通过比较分析法可以直观地看出事物某方面的变化或差距，对高等院校挫折教育的研究工作很有意义，是在研究中使用较为普遍的一种方法。

（七）实践检验法

高等院校挫折教育研究旨在解决大学生心理健康存在的实际问题，其不单是对挫折教育理论问题的探讨，更注重通过理论研究解决实际问题的成效。因此，实践检验法也是高等院校挫折教育研究的重要方法之一。

在挫折教育的研究中，会在思想教育、行动引导和机制建立等方面形成一系列提升学生抗挫折能力的方法，这些理论方法是否有效，则需要在实践中加以检验。开展挫折教育的研究人员多为高等院校内的教育工作者，他们具备与学生接触和开展实践研究的条件，因此可以通过实践的方法对研究成效进行检验。但在现有的研究中，发现通过实践检验方法开展研究的报道还不多，这是由于此方法研究周期较长，许多研究人员缺少开展长期研究的意识，这也是今后在高等院校挫折教育研究工作中应当注意的问题。

三、高等院校学生挫折教育研究工作存在的问题

由于挫折教育对高等院校学生具有重要作用，国内的相关学者和高校思想政治教育工作者已经针对挫折教育问题开展了大量的研究工作，在理论和实践方面取得了一些成果，但现有的研究工作也存在一些不足。

（一）研究方向浅显，缺少核心热点

开展高等院校学生挫折教育相关研究工作的群体多为高等院校内从事思想政治教育教学工作的教师和从事管理教育工作的辅导员，在开展相关研究时，其通常会基于对在校学生日常表现和校园实际情况的了解和感受，围绕学生挫折来源、学生受挫表现及应对方法等较为浅显的内容进行讨论。

近几年，从心理学、教育学、思想政治教育等不同视域开展的挫折教育研究工作已经陆续出现。华东理工大学的林佳娜2022年在其硕士学位论文中，对当时最新的500篇挫折教育研究相关文献进行了分析，发现挫折教育研究已经开始呈现出多学科交叉的趋势①，但总体研究思路上仍然较为单一，既缺少对高等院校学生挫折教育基础理论的研究，也没有体现出研究方向和手段上的创新，缺少能够引领高等院校挫折教育研究持续和深入发展的核心和热点内容。

---

① 林佳娜：《大学生挫折教育的问题与对策研究》，华东理工大学2022年硕士学位论文。

（二）研究结论相似，缺少参考价值

由于现有研究在研究方向和内容上的局限性，目前的研究得出的观点较为雷同，结论非常相似，很多研究成果缺少实际参考价值。对中国知网上查阅的部分文献进行综合比对可以发现，大部分文献的研究内容都是作者结合在高等院校教学和管理工作中的实际感受，或者加上一定的问卷调查和数据支持，形成的对高等院校学生挫折现状的表述，即使提出了一些提升高等院校学生抗挫折能力的方法和手段，也多为较为相似的公式化结论。

（三）研究纸上谈兵，缺少实践检验

研究停留在理论层面，缺少必要的实践应用，也是高等院校挫折教育研究目前存在的问题之一。围绕高等院校挫折教育问题已经开展了大量的理论研究工作，针对高等院校学生在学业、就业、情感以及人际关系等方面所常见的挫折诱因，提出了诸如提升学生自我认知、加强理想信念教育、融入集体活动等对策。在挫折教育的模式上，有关社会、学校、家庭协同教育、舆论氛围引导等方面的研究成果也非常多。但关于各种模式和方法在实践中的具体应用的文献资料却非常少，理论成果的实用性没有体现，这与国外更加重视挫折教育实践效果的做法有很大差距。高等院校学生挫折教育研究的根本任务是要解决学生抗挫折能力差的问题，如果不进行实践层面的检验，理论研究就会失去意义。

第三节　高等院校学生挫折教育研究发展趋势

高等院校学生的挫折教育问题自得到重视和关注后，在几十年的发展

过程中已经取得了相当数量的研究成果，但也正如前文对研究中现存问题的讨论分析，目前的高等院校挫折教育研究在研究内容、研究思路和研究实效方面存在一些亟待解决的问题。未来的挫折教育研究要立足于解决这些短板和不足，同时也要不断创新研究的思路和方法，以下几方面将成为高等院校学生挫折教育研究的发展趋势。

一、挫折教育相关基础理论研究

实践离不开理论的指导，基础理论在科学研究工作中的作用至关重要，挫折教育的应用发展同样需要建立在雄厚的理论基础之上。国外在挫折教育研究中较为重视对相关基础理论的探究，在挫折教育的概念被提出之初，相关学者就从心理学、社会学等角度对挫折情绪的产生等基础理论进行了研究。例如，阿尔伯特·艾利斯提出的“情绪调节 ABC”理论，威廉·麦独孤提出的挫折情绪本能论，以及其他学者提出的受挫攻击、挫折倒退等各种基础理论和假说。正是通过实验等手段掌握了挫折产生与发展的基本规律，建立了相应的基础理论，后续的挫折教育实践工作才得以科学开展。今后国内高等院校学生挫折教育的研究工作也需要将相关基础理论的研究作为重点，建立在生物学、心理学、社会学和哲学等科学基础之上的挫折教育基础理论研究，是认清挫折问题本质、明确高等院校学生心理特征、抓住挫折事物发展规律的重要前提。

二、与相关学科领域的交叉融合

现代科学的研究边界日益弱化，许多学科都能够在某些方面建立联系，实现交叉融合，并可以借助其他学科的手段和方法，解决本领域的学术问题。挫折教育的研究同样要体现出这种学科交叉的趋势。目前国内高等院校的挫折教育主要被思想政治教育领域关注，研究参与者也多为思政专业研究人员和思想政治教育工作者。由于学科领域的单一性，现有研究注意力主要集中在对在校学生抗挫折能力表象的分析方面，提出的解决方案也多为与日常学生管理工作相关的方法和举措，研究的广度和深度都非常局限。要真正在高等院校的挫折教育中取得创新性的发展和突破，就必须重视学科交叉。研究中不能局限于思想政治教育的理论和手段，而应综合哲学、心理学、社会学、统计学等多个学科，探索利用其他学科领域的先进理论和技术解决高等院校挫折教育问题的方法。

三、依托数据分析科学掌握规律

挫折教育的研究需要建立在对调查研究结果的统计分析之上，仅仅依靠对某个体事件或小范围群体的调研结果，很难得出符合目前高等院校学生普遍心理特征和抗挫折能力方面的准确信息。大数据分析已经在各行各业展现出重要作用，对于挫折教育的研究工作，同样要通过调研中获取的各类数据来获取研究所需的参考信息，同时需要运用科学的统计分析方法对调研数据进行处理，以便更科学准确地掌握高等院校学生挫折教育相关问题的规律。目前的挫折教育研究中，虽然已经有一些专家和学者开始运用抽样调查的手段获取研究信息，并采用置信度分析、回归分析、相关分析以及聚类分析等数学手段对调研题目的信效度、研究内容、发展现状及趋势、影响因子间作用程度和变量相关性等进行了研究，但此类研究在挫折教育相关文献中的占比仍然不高，此外，现有研究中的调研数据范围和统计结论仍有一定的局限性。挫折教育研究必将向更科学化和精细化的方向发展，这也必然离不开海量的调研数据和准确的统计分析结果的支持。如何依托强大的信息技术和数学手段丰富和夯实挫折教育的研究体系，是挫折教育研究今后需要思考的问题。

四、由学校向家庭、社会延伸拓展

高等院校学生的挫折教育研究一定要有更宏观的视角，挫折教育的开展不能局限在学校层面。校园固然是高等院校学生学习和生活的最主要场所，校方需要肩负起引导和教育学生的职责，但也要认识到，高等院校学生个人性格养成和心理健康发展是一个长期的过程，受到多方面影响，家庭、社会在此过程中同样重要。由于目前开展挫折教育研究的人员多为高等院校内的教育工作者，因此研究重心往往集中在高等院校内，注重对高等院校内挫折情境、挫折心理和抗挫对策的分析和探讨，关于家庭教育和社会发展对学生心理影响的研究相对较少。完善的挫折教育体系需要学校、家庭和社会的协同，高等院校学生的挫折教育研究工作也需要走出校门，延伸和拓展到家庭和社会之中。

五、开展教育效果实践检验探索

理论研究的重要目的之一就是要解决实际问题，理论研究成果需要在实践中加以检验和证明。挫折教育是一项实用目的很强的研究工作，之所以在各类人群中广泛开展挫折教育的相关理论研究，目的就是要在实践中提升人们的抗压耐挫能力，促进心理健康发展。因此，挫折教育研究必须注重其实效性。

目前在高等院校内开展的相关研究中，对现状、成因和对策的理论探讨较多，但真正将研究成果应用于实际的报道较少，这也使大部分挫折教育的理论研究变成纸上谈兵，没有发挥其应有的作用。这种重理论轻实践的现象主要是受研究周期的限制。挫折教育是一项潜移默化的工作，需要将一些具体的手段和方法在学生的日常生活中加以应用体现，随着时间流转逐渐对学生的心理健康状况产生影响，这种变化的效果在短时间内很难体会和衡量，研究结果的获得往往需要一个学期以上，甚至贯穿学生的整个大学生活。特别是一些建立在不同实验人群比对研究上的结论，更是需要历经多届学生才能得到可靠信息。高等院校学生挫折教育的实践研究是需要投入大量时间和精力的，这也是开展挫折教育研究的根本目的所在。目前，国家对高等院校学生思想政治工作和素质能力教育的重视给高等院校挫折教育的实践研究提供了更好的条件，相关的研究人员可以依托高等院校丰富的实践土壤，探索将各项理论成果应用于人才培养工作，通过生命观教育、课程思政等手段完善高等院校学生的自我认知，通过各种文体活动和社会活动磨炼学生的意志品质，通过科学管理、多元协同等手段减少学生的挫折情境，不断在实践中检验和丰富高等院校挫折教育理论成果。

第四章

高等院校学生的挫折成因

挫折感的产生离不开内因和外因的共同作用。内因主要是指个体的挫折认知，这既和个人与生俱来的性格特征密切相关，又受到其成长过程中后天形成的意志品质和思维模式的影响。外因则是个体在工作和生活中遭遇到的各种挫折情境，不同力度和形式的挫折情境会给个人带来不同强度的挫折感受。

高等院校学生挫折感的产生同样源于内外因条件的作用，但由于成长经历和所处环境的特点存在共性，高等院校学生的挫折产生原因具有一定的相似性和普遍性。准确分析高等院校学生的挫折成因，对于科学提出挫折教育对策、提升高等院校学生的抗挫折能力和心理健康水平具有重要意义。因此，本章将结合性格特征和常见挫折情境等问题，对常见的高等院校学生挫折成因进行分析。

第一节　高等院校学生性格特征及其成因

性格是一种比较稳定的、具有核心意义的个性心理特征，是个体的思想、情绪、价值观、信念、感知、行为与态度等多方面在对待具体的人或事物时的综合体现。性格是个体所独有的并能够与其他个体区别开来的整体特征。性格的形成固然受到先天遗传因素的影响，但也会在成长的过程中不断地发生改变和转化。

国内有学者采用随机抽样的方法，从陕西省某高等院校中抽取 1497 名大学生作为研究样本，进行性格优势状况的调查分析。发现不同性别、不同专业学生的性格优势存在显著性差异。[①] 这些体现在不同性别和专业人群中的性格状况差异，说明了特定的生活和成长环境会对性格形成产生影响。目前，我国高等院校学生在成长中所经历的外界环境有许多相似之处，虽然不同的学生在天性上肯定存在差异，但是后天类似的成长境遇也会造就其普遍存在的性格特征。准确把握这些代表性特征并探析其成因，对于高等院校学生的挫折教育研究极为重要。

一、性格特征的分类

人类的性格特征主要表现在态度特征、意志特征、情绪特征和理智特征等几个方面。

态度特征主要体现个体对人或对事的心理状态，比如或真诚友善或虚

① 李馥利：《大学生性格优势分析及优化策略》，《商洛学院学报》2021 年第 5 期，第 81 ~ 86 页。

伪傲慢地对待他人，或谦虚低调或骄傲狂妄地对待事情等。意志特征反映了个体在事情或困难面前的思想表现，比如或果断地做出决定、勇敢地面对难题，或怯懦地逃避现实、纠结地无法决断。情绪特征表现了个体在不同境遇下的内心反应，比如积极情境下的热情、兴奋，或者消极情境下的抑郁、焦虑等。理智特征则是个体在各种问题面前逻辑能力、思考能力和行为掌控能力的综合体现，比如敏捷、客观的思维和合理的行为反应，或者混乱、浅薄的思维和冲动过激的举动等。

二、高等院校学生的典型性格特征及其成因

（一）态度特征方面

人类的态度特征根据面向对象不同，可分为对待自身的态度特征，对待他人和社会的态度特征，以及对待学习、工作等客观事物的态度特征等几个方面。当前高等院校学生由于受生活环境和教育方式等条件的影响，在态度特征方面也表现出一些显著的特点。

1. 对待自身的态度特征

高等院校中的学生在成长阶段都受过系统的基础教育，个人素质普遍较高，具有一定的分析和判别能力。特别是当代的高等院校学生，是在国家和社会较为重视心理健康教育的环境下成长起来的，自身的心理建设和自我认知能力较以往更强。因此，大部分的高等院校学生能合理定位对待自身的态度，表现出较好的性格特征。但受到生物遗传因素和成长经历条件的影响，也有一定比例的高等院校学生对待自身的态度特征存在偏差，甚至表现出两个极端现象。一些学生天生性格要强，凡事都要做到最好，或者受到家庭环境的影响，从小就被家长寄予厚望、严格要求，逐渐形成

不能包容自身瑕疵和出现闪失的性格。这一类学生在小学、中学阶段通常在学习或其他方面表现较为突出，是学校和家庭的关注焦点。带着这种光环进入到大学校园后，他们仍渴望在学习、活动和人际交往中处于优势地位，自尊心和自我意识过强，表现出对于自身要求过于严苛的态度特征。与之相反的是另一类高等院校学生人群，这些学生天性随意，在成长过程中很少被过多地约束和管教，通常自我感觉良好，没有明确的理想目标和为之奋斗的信心，满足现状，对自身要求极少，甚至处于一种放任自流、自我放纵的状态。

2. 对待他人和社会的态度特征

近几十年来，国家越来越重视精神文明建设工作，当代的高等院校学生更是从小就受到“社会主义核心价值观”“公民基本道德规范”等社会主义精神文明建设理念、要求和成果的引导，在对待他人和社会的态度特征上，具有非常积极的表现。当代的高等院校学生爱国意识普遍强烈，具有较高的集体荣誉感和社会责任感。在全社会思想道德素质不断提升的背景下，高等院校学生在成长过程中感受到的正面引导更多，对待他人的态度更加坦诚、包容和友善。高等院校学生对待他人和社会的态度特征总体是持续向好发展的，但在高等院校学生的成长经历中，也必然会接触到一些负面问题和事情，影响到其对待他人和社会的健康态度特征的形成。高等院校内，也有一些学生表现出消极的性格特征，对与己无关的社会问题和事件态度冷漠、行为消极，不屑与师长和同学交流，或者存在自卑的性格特征不敢与别人交往，有的学生在与人交往中甚至有虚伪、算计、嫉妒、仇视的态度特征表现，特别不利于其心理健康的发展。

3. 对待客观事物的态度特征

高等院校学生的思想更为成熟，即使其在面对以往所认为的较为枯燥的学习任务时，也能形成较为正确的认知，更加自觉地融入课程的学习和自我提高之中。因此，在进行学业活动过程中，高等院校学生大多会表现出热情接受、认真对待的性格特征。但在个体身心特点和外界环境的影响下，一些负面的性格特征也会在高等院校学生对待学习等客观事物的过程中表现出来。虽然高等院校学生的身心发展已经进入到一个更为成熟的阶段，但其自我约束和掌控能力仍然不强，即在思想上已经充分意识到在学习中投入更多精力会对自身发展起到极其重要的作用，但在面对学习等需要付出较大努力才能取得成绩的客观事物时，也经常会表现出敷衍、退缩甚至逃避的性格特征。特别是在进入高等院校后，缺少了家长的日常督促和管教，这些负面性格特征更加得不到及时矫正，一段时间后会固化在其对待学习的行为表现中，严重影响学业效果。高等院校学生正处于思想活跃期，对于外界的各种新鲜事物充满了好奇和渴望，在遇到对其有吸引力的事情时，往往能保持一种热情投入的态度。相对于中学期间较为单调的学习生活，进入高等院校后，学生普遍会被校园内丰富多彩的社团活动和形式多样的社会活动所吸引。正确对待和参与校园内外的活动，非常有益于学生的发展，但在参与这些活动的过程中，一些学生也会表现出需要纠正和改善的性格特征，其中较为典型的就是高等院校学生对某一类客观事物的过度执着，例如，在使用网络时表现出的沉溺、依赖等性格特征等，严重影响到高等院校学生的正常学习和生活。

（二）意志特征方面

意志特征是指个体在自觉调节自己行为的方式和水平上表现出来的心

理特征。意志特征能够反映出个体坚持信念，不屈服于外界压力，通过自身的知识、能力和行为方式进而实现目标的性格品质。爱迪生说过：“天才是百分之一的天赋，加上百分之九十九的汗水”，这说明了意志特征对个人发展的重要性。相同的外部环境下，意志品质坚定的人更容易实现目标，优秀的意志特征是克服困难、走向成功的重要保障。

当代高等院校学生在意志特征方面也具有鲜明的特点，可以从独立性、果断性、自制性和坚韧性四个方面加以分析。

1. 独立性

独立性是个体意志特征的重要体现方面，是指个体不屈服于周围人的影响和压力，能够基于自身的信念、认知和判断力独立做出决定并加以执行的性格特征。

独立性差、依赖性强是我国高等院校学生普遍存在的意志特征。人类在成长时期一定需要获得来自家庭和社会的扶持，因此，成长阶段个体在起居饮食和对客观事物的选择认知上对家庭和社会存在一定的依赖性是不可避免的。但随着个体身体的不断成长和思想意识的不断健全，这种依赖性也会逐渐减弱，直至形成较为独立的性格特征。独立性的形成过程是与成长环境紧密相关的，当成长过程中能够获取的外界支持较少时，就会更早形成独立的性格；反之，周围人的过多干预会影响和延迟个体独立性。由于习俗、观念和社会现实的差异，我国在少年儿童独立性格培养方面与其他一些国家存在很多差异。我国的家庭观念很重、亲情极浓，家长总是力求将最好的物质条件提供给孩子，并希望其思想和行为能符合自己的价值观和期望。在这种成长环境下，除了学习，学生在成长过程中基本不用关注和思考其他问题，家长在衣食住行的每个方面都会做好安排，因此，在进入高等院校之前，大部分的学生没有独立生活经验，独立分析和解决问题的意识和能力均有不足。进入高等院校开始独立生活后，不但要自己解决日常的生活保障，还要独立判断和处理学习和生活中遇到的各种问题，虽然很多学生随着阅历的丰富逐渐培养出独立的性格特征，但也有相当一部分学生很难改变，一直表现出自理能力差、缺少主见、过度依赖他人的性格特征。

2. 果断性

果断性是指个体在对客观事物进行充分考量的基础上，能够根据判断及时做出决定和反应的性格特征，是反映个体执行力强弱的重要指标。

果断的性格对学生个人发展非常重要，快速地对客观事物做出判断并做出当机立断的反应，可以确保其在面对关键问题和选择时不畏手畏脚，避免错失良机。同时，遇事不拖泥带水、不犹豫不决，又能展现出个人思维敏捷、雷厉风行的特点，更容易获得他人的认可。自信是培养果断性格的基本前提，人一旦有了充分的自信，在面对问题时就会更加勇敢和从容，在决策时能更好地发挥自主能力。分析能力是培养果断性格的重要保障，只有准确地分析事情发展的走向，合理权衡利弊，才能坚定决断的信心。无论是自信心还是分析能力，都需要在实践中逐步建立和锻炼，而高等院校学生在成长过程中的依赖性较强，得到的锻炼机会不多，应对问题的自信心和对具体问题的分析能力不强，直接影响其遇事果断的意志特征的形成。在高等院校内，经常会看到一些做事拖泥带水、优柔寡断的学生，甚至在吃什么饭、喝什么饮料等琐碎问题上都表现出选择困难，不利于个人学习和事业的发展。

3. 自制性

自制性是人有效控制自身的情感和思维，严格约束自身的行为和举动的性格特征，在一定程度上反映了个体意志的强度。

自制性越高的人，对自己的控制能力就越高，对各种外部干扰的抵抗力就越强，能够表现出更好的忍耐力和克制力，集中精力投入到工作和生活中。如果自制性较差，这种意志性格的人就容易受到内外因素的影响，难以抵御外部环境的诱惑，可能沉溺于某些不良嗜好，无法专心、高效地投入到具体的工作中。缺少自制力的人通常会表现出任性或懦弱的意志性格特征，在学习和工作等方面很难取得进步和成绩。高等院校的学生在多年的学习生活中，基本具备了一定的自制能力，特别是一些胸怀理想和抱负的学生，在进入高等院校之初就在学习成绩、考研深造、职业规划等方面设立了目标，并能始终在实现目标的过程中自我约束，展现出较好的自制性。但高等院校中也有相当比例的学生自制能力较差，当面对网络游戏等一些具有较强诱惑力的事物时，任性、放纵和随波逐流等负面意志特征就会表现出来，对其学业和身心健康产生一定的影响。

4. 坚韧性

坚韧性是个体意志性格的重要外在表现，反映出一个人进行自我约束和控制能力的持久性。

意志性格坚韧的人，能够始终保持百折不挠、勇往直前、严于律己的品质，在实现目标的过程中展现出持续的耐心和顽强的毅力，不惧怕困难的袭扰，也不在利诱面前迷失方向，坚持不懈地去实现既定目标。坚韧性也是高等院校学生抗挫折能力高低的重要体现，意志性格坚韧的学生往往具有更好的抗挫折能力，心理承受能力较强，甚至越挫越勇战胜困难。目前高等院校学生在坚韧性方面的表现并不理想，这不但源于其成长过程中缺少此方面性格的培养和锻炼，还与其没有较为明确的学习和生活目标相关。许多高等院校学生并没有细致完整的学业规划，虽然偶尔会迸发出要努力学习通过学业考试、考取各种证书或者考研考博的念头，但是一遇到困难和其他事情的影响，就出现懈怠和放弃。有的学生考入高等院校甚至都不知道以后的职业方向是什么，只是为了能有一个文凭，理想目标的缺失必然会使这些学生经常性地处于一种茫然状态，造成对待学业和其他问题的得过且过态度。因此，必须要重视树立高等院校学生的社会责任和理想信念，以培养他们的坚韧意志。

（三）情绪特征方面

情绪是人类非常重要的一种心理和生理状态，其通过感觉、思想和行为等综合体现出个体对客观事物的主观认知。情绪的反应和调控是人类性格特征的重要内容，性格的情绪特征不但会影响到人的身心健康，还直接关系到个体参与社会活动和发挥社会功能的质量。

性格的情绪特征主要可以通过主导性、感染性、稳定性和持久性等几个方面进行衡量。

1. 主导性

主导性体现了情绪特征对心境的影响。不同人会在日常保持和表现出一种具有自身特征的心境状态，这种状态是在情绪的主导下所产生的。性格特征会主导人的心境，进而通过情绪和行为反映出来。例如，有的人经常处于一种欢乐的状态，好像永远没有烦恼，而有的人却整日无精打采、抑郁低沉。有的人一直给人沉着冷静、处变不惊的沉稳感觉，也有的人却经常急躁不安，遇到一点事情就激动忙乱。不同的主导心境能够鲜明反映出人的性格特征差异。

2. 感染性

感染性是指个体情绪特征对其行为活动的感染程度。每个人的情绪感知是有差异的，对情绪体验的不同，影响着其心境的变化和具体的行为。有的人特别容易受到情绪的感染，平时情绪高涨，富于激情，在生活中表现出旺盛的精力和热情。有的人性格情绪的感染性不强，日常的情绪体验相对微弱，使得其在对人对事时都表现得较为安静和冷漠，相对不容易被情绪激发和调动。

3. 稳定性

情绪的稳定性表现为个体情绪在外界条件变化时，所产生的波动和起伏程度。稳定性是情绪特征的重要指标，反映了个体性格特征对其情绪表现的影响力。性格特征较好的人，能够将其情绪保持在相对平稳的状态，即使在面对比较重大的问题时，也能较好地控制情绪。而情绪控制力弱的人，一旦遇到问题就情绪激动，难以自控，影响到正常的思维和行为。

4. 持久性

情绪的持久性是指个体的某种情绪活动持续的时间及此种情绪对其身心、生活和工作影响时间的长度。情绪的持久性反映出个体对自身性格和情绪的掌控和调节能力。性格特征适应性好的人，更容易控制情绪，可以降低某种极端情绪对身体和社会活动的影响。例如，在遭遇挫折时，有的人很快就能脱离抑郁、焦躁和愤怒等挫折情绪，调整状态寻找应对挫折的方法；有的人却可能一直深陷在挫折带来的不良情绪中，无法及时调整心态重新投入到正常的工作和生活之中，无益于身心健康和挫折问题的解决。

“任何人都会生气，这没什么难的，但要能适时适所，以适当方式对适当的对象恰如其分地生气，可就难上加难。”亚里士多德的这一论述既说明了情绪的重要性，又体现了情绪管理的难度。高等院校学生的情绪特征直接影响其心理健康水平，在情绪特征的主导作用下，他们在学习、生活和社会活动中会表现出不同的心境，而高等院校学生性格特征仍然处于需要完善的阶段，在情绪稳定性和持久性的调控方面能力还不强，因此更需要在平时重视和强化对其性格品质的培养，使其表现出更加良好的情绪特征。

（四）理智特征方面

性格的理智特征是心理活动的重要体现形式，是个体在认知环节中体现出来的心理状态和行为反应。性格差异决定了个体在面对客观事物时的主观思考能力和行为掌控能力。有的人能以比较沉稳、平静和理智的心理状态进行思维，表现出更为合理和睿智的行为。有的人在问题面前则比较焦躁、混乱，在没有清晰认知事物本质和发展规律之前，就表现出冲动的行为。

高等院校学生正处于性格最为冲动的年龄段，在理智特征方面比较容易表现出不成熟的地方，在遇到困难和问题时的应激反应通常比较强烈，在对事情进行全面分析前就轻易做出判断和反应，有时甚至出现一些过激的行为举动，造成较为严重的后果。

三、性格因素对挫折认知的影响

性格特征是个体挫折认知的最本质因素，一个人对于挫折的感知与其本身的性格关系极大，性格因素中的态度特征、意志特征、情绪特征和理智特征等几个方面都会影响到挫折情境下的心态感受和行为举动。性格较好的人群，日常表现出的心理状态积极稳定，能够掌控自身情绪，同时以较为坚定的意志状态和理智表现应对所面临的困难和问题。而性格较差的人群，日常心理状态相对消极，情绪极易受到客观事物影响，对挫折的感知较为强烈，意志品质也不够坚韧，容易受到挫折情境的打击。

高等院校学生在学习和生活过程中，不可避免地会遇到来自学业、就业、社交和家庭等多个方面的挫折情境，不同形式和强度的挫折事件固然会造成其不同程度的挫折感知和反应，但决定其抗挫折能力强弱的非常重要的一个因素，还是其自身的性格特征。高等院校学生的自我意识相对较强，成长过程中可能过多地产生以自我为中心的思想，性格特征上就会表现出对自己的要求相对不严而对他人的标准较高，一旦身边人的言行不符合自己的想法和利益，就可能出现被忽视、被孤立、被对立和被打压的感觉，性格较为敏感、脆弱。由于没有经受过足够的锻炼，高等院校学生的生活自理能力相对较弱，遇到各种问题时习惯了家人的帮助，性格中依赖和懒惰的特征较为明显，这使其在困难面前表现出手足无措的状态，更容易被小问题所困扰。青年人自律性差和做事冲动的特点也会在高等院校学生的性格特征中体现出来，这对于其正确挫折认知和反应的形成同样具有极大影响。自律性不强会使学生缺少明确的奋斗目标，性格变得随意、懒散、缺少斗志，这种状态下学生很难实现自我提升，也就更容易在学习和就业等方面遭受挫折。冲动的性格也使一些高等院校学生在遇到挫折问题时无法客观分析、冷静思考，做出过激的行为和举动。

性格是高等院校学生挫折感形成的重要因素，挫折教育工作中，必须重视学生自身性格的培养问题。要充分认识到性格特征对于正确挫折认知形成的重要性，通过各种形式的教育手段，引导学生建立积极健康的思想，养成乐观进取、坚韧向上的性格特征，确保其能够更客观地看待学习和生活中的各种困难，更智慧和坚毅地迎接和解决各种问题，在挫折中日益成长、不断成熟。

第二节　高等院校学生的学业挫折

学习是高等院校学生最为根本的任务，也是贯穿于整个高等院校生活的最主要内容。学习历来就不是一件容易的事情，在幼儿、小学和中学阶段是这样，在大学阶段也同样如此。求学就像攀登高山，要想获得知识上的收获，成功登上学术高峰，就要不断克服登山路途中的荆棘险阻。学习中的一些困难可以通过努力被学生解决，成为其继续前进的垫脚石，但也有一些困难可能成为其前进的绊脚石。由于学业压力过大或学生自身挫折认知能力的问题，在学习的过程中，高等院校学生都有可能感受到不同强度的学业挫折。这些来自学业方面的挫折会对高等院校学生的身心健康和个人发展造成一定影响，需要对其产生的原因进行探析。

一、高等院校学业压力的定义

学业压力是人们在生活中经常提及和听到的名词，是指人在学习活动中所承受的紧张刺激和精神负担。学业压力反映了个体在学习过程中的一种心理状态。适度的学业压力可以激发学生的积极心态，调动参与学习活动的热情，使其在学习中投入更多的精力获得成绩。但学业压力一旦超过某种程度，也有可能对学生的身心造成一定的负面影响。高等院校的学生同样面临学业压力问题，高等院校的学业压力是指学生在学习过程中受到超出学习能力的任务或与学业相关的其他因素刺激，而在心理上产生的自我威胁感受。

高等院校中的学业压力问题比较常见，其不但与学生对知识的学习和掌握能力有关，还涉及学生的自我定位、社会和家庭压力以及所处学业环境等多方面因素。学业压力直接影响高等院校学生的心理健康发展，是高等院校学生挫折感产生的重要成因，也是挫折教育研究不容忽视的方面。

二、高等院校学业压力的来源

高等院校学生学业压力的来源是多方面的，学习任务本身的繁重性、外界对学生成绩过高的期盼、现实存在的巨大竞争等都是学生求学过程中可能感受到的压力。可以说，高等院校学生学业压力的来源广泛，源自社会、家庭、学校和自身的学业压力贯穿整个高等院校学习生活。

（一）社会层面

社会是高等院校学生的学业压力的重要来源，其通过社会观念和舆论、国家要求和社会需求以及社会环境等方面影响到学生在学业过程中的心理感受。

1. 社会观念和舆论的影响

在我国的传统观念中，是非常重视和推崇文化知识的，社会上对于有文化和学识的读书人比较尊重，普遍认为读书学习不但会使人获得更高的能力素质，也是实现个人身份提升的重要途径。“万般皆下品，唯有读书高”的思想在我国由来已久，即使在当今社会，“知识改变命运，读书实现跨越”的社会观念和舆论氛围仍然很浓。

在学业上取得好成绩一直是我国青少年秉承的最为重要的目标内容，许多学生从小就形成了只要学习好就会得到社会和他人认可的观念。重视学习的观念固然是非常正确的，但现实社会中却存在着对学习目的方面的认知偏差，许多人不能站在国家和社会发展的角度分析问题，只是将学习当成个人获取利益和发展的手段，并将这种理念传导给学生。特别是近几十年来，社会上对职业选择方面的认知也存在一定误区，而一些被普遍认可的“好工作”多离不开高学历和毕业于知名院校等条件的支持，因此，只有好好学习才能干上活少钱多又很体面的好工作的社会观念和舆论氛围又深刻地影响到各个阶段的学生。学生通过升学考试进入高等院校之后，从小就被灌输于头脑之中的这些理念也会对其求学过程产生重要影响，成为其学业压力感知的重要来源。

2. 国家和社会要求的影响

中小学生对学业压力的感知更多来源于社会观念和舆论氛围，外界到处充斥着的要努力学习的声音，给其带来了相应的学习压力。与中小学生的学业压力来源不同，高等院校学生的学业压力除了受到社会观念和舆论氛围的影响外，还与社会对高等人才的实际要求和需求密切相关。

近年来，国家和社会对高等教育质量愈加重视，对高等院校的人才培养工作也提出了更高要求。2018 年 6 月，在成都召开的“新时代全国高等学校本科教育工作会议”上，时任教育部部长陈宝生明确提出“本科不牢，地动山摇”，强调要围绕学生刻苦读书来办教育，引导学生求真学问、练真本领，指出要对大学生合理“增负”，提升大学生的学业挑战度，激发学生的学习动力和专业志趣，改变轻轻松松就能毕业的情况。在新的教育工作要求下，高等院校对学生的学业管理更加严格，有效端正和提升了高等院校学生的学习态度，也使其感受到了更多的学业压力。同时，社会发展对人才的现实需求，也在客观上加大了高等院校学生的学业压力。随着国家的发展和科学技术的进步，社会对于知识技术的需求达到了前所未有的高度，对各类人才的需求也相应增加。社会对于人才的需求不仅体现在数量上，还对其所需具备的能力提出了更高的要求。对于现今的高等院校学生来说，除了要具备所学专业方面的知识外，还需要掌握更多的其他领域的技能，这样才能符合社会对现代人才的需求，在今后的就业和个人发展中更具优势。因此，高等院校中的许多学生在完成本专业课程之余，还给自己增加了许多其他的学习任务，以考取更多的证书、获得更多的技能。特别是近些年来，二学位和考研等个人深造途径也开始成为很大一部分高等院校学生的学业选择。以上这些证书、资格和深造机会的取得，需要学生在学业方面投入更多的精力，也必然会使其感到相应的压力。

3. 社会环境的影响

高等院校学生身处的社会环境条件也影响到其求学过程，是形成学业压力的又一社会层面因素。与中学时代“两耳不闻窗外事，一心只读圣贤书”的学习环境不同，进入高等院校之后，学生的生活空间进一步扩大，与社会接触的机会和渠道逐渐增多。

对于高等院校学生来说，这些学习之外的活动是非常必要的，是其认识社会、走向社会必需的阶段和过程。通过参加校内的社团活动、校外的社会实践以及各种类型的社会活动，高等院校学生会更加了解和熟悉其所处的社会环境，学会分析和应对在社会活动中遇到的各种问题，不断提升处理和解决生活问题的本领，增强自身的社会适应力。

适当的学习之外的社会活动有助于高等院校学生的全面发展，促进学业的发展。但高等院校学生在思想和能力上的局限性，也使其在参与社会活动时很容易受到社会环境的影响。高等院校学生思想较为开放，乐意接受新鲜事物，同时其性格中的坚韧性和自控力又相对较弱。因此，在社会活动过程中，高等院校学生很容易被某种事物所吸引，在此方面投入大量的时间和精力，占用其学业付出的比例。一些意志品质不够坚定的学生，甚至会出现沉溺于某些活动的情况，严重影响到其对学习的投入，造成成绩下滑甚至无法通过考试的情况，间接导致高等院校学生的学业压力增加。随着科技的发展和生活水平的提高，电脑、手机等已经成为高等院校学生开展社交活动的重要途径，网络已经成为一种重要的社会环境。这一环境对高等院校学生的影响是极大的，网络既是其获取更多有益思想和信息的渠道，也能成为影响其正常学习、生活的负面问题。对网络游戏、网络购物和各种网络社交的沉迷，被网络上的一些消极信息与思想腐蚀影响，都将对学业产生不利影响。受现实和虚拟世界中的社会环境影响是高等院校学生必然要面对的问题，在其中被分散一定的学习精力也是不可避免的。研究高等院校学生的学业压力问题，一定不能忽视其所处的社会环境，必须要通过建立更为良性的接触社会的环境和方式来降低其对高等院校学生学业过程的影响。

（二）家庭层面

家庭是学生成长成才过程中最为重要的支撑，不仅在中小学阶段，直至进入高等学校学习后，家庭对学生学业生活的影响都一直持续存在。家庭层面的因素既能促进学生的学业发展，某种条件下也可能成为导致其学业压力的重要诱因，是高等院校学生学业压力的重要来源。

1. 家庭期望引发的学业压力

每个家庭都对孩子的未来寄予了很高的期望，希望自己的孩子能够在未来取得非凡的成就，过上优渥的生活。而实现这一梦想的重要途径就是学习，因此，几乎每个家庭都格外关注子女的学习，希望自己的孩子能在同学中出类拔萃、脱颖而出。在期望孩子成才的同时，家长也在尽其所能地为其提供各种条件和保障，将家中能提供的最好的条件都用于孩子的学习。许多学生在中小学时代都感受过这种源于家庭期望的学业压力。

学生基本都能理解家庭在自己学习方面的良苦用心，更深刻体会到家长在自己学业方面的投入和付出，一旦成绩没有达到预期，就会产生羞耻愧疚的感觉，造成思想上的负担，出现学业焦虑。家庭在学习方面的期望将贯穿学生的整个求学生涯，在高等教育阶段，高等院校学生由于即将踏入社会，更是在学业方面被寄予了更多的要求，甚至不时被拿来与“别人家的孩子”比较。例如，别人通过了什么考试，取得了哪些证书，有了何种有利于就业的学术资本，等等。这无形中刺激了高等院校学生对较高学业成果和水平的渴望，客观上造成了其对学业压力的感知。

2. 家庭控制导致的学业压力

家庭是社会构成的基本单位，家庭之中也体现了人类最基础的社会关系，家庭成员之间需要彼此承担必要的责任和义务，通过相互爱护、相互扶持、相互陪伴、相互交流和相互教育等方式，保证家庭关系的维系和内部成员的生活发展。相互教育和引导是家庭责任的重要内容，家长对子女的控制则是家庭教育最主要的体现形式。在通常的家庭关系中，家长与子女之间会处于一种管理与被管理的关系状态，特别是儿童和青少年人群，更是会在生活的各个方面受到家长的管理和教育。

家庭管理和教育是人类进步和发展的重要保障，由于个体在成长阶段对各种客观事物的理解和掌握并不是十分充分，就非常需要家长在实际的生活过程中对其进行管理和教育，使其思想和行为能够按照家长所认为的正确合理的方向发展。家长的这种管理和教育，本质上就是一种源自家庭的控制。

科学合理的控制是非常有益于个体成长的，在家长的正确引导和教育下，个体能够向着有利于自身发展的方向不断进步。但一些消极的家庭控制方式也会给个体的身心发展带来负面影响。有人研究了家庭控制对学生学业压力的影响，通过对抽样人群学业压力与家庭教养方式关系的统计，发现学业压力较高人群的家庭在子女学习的教育控制过程中，更多地会出现惩罚、否定、过度干涉等问题。学生进入高等院校后，虽然来自家庭的控制有所减弱，但家长还是会用各种方式继续灌输学习的重要性，过度地要求子女在考试中争取好的成绩或者考取更高学位，有时甚至仍会将以往惩罚性和否定性的教育方法用到高等院校学生的学习管理中，增大了学生的学业压力。

3. 家庭支持不足的学业压力

个人的成长成才离不开家庭的支持，对于尚未完全自立的学生，家庭的支持更是其获得基本生活条件、保障学业顺利进行的必要因素。家庭支持既包括物质方面的内容，也有精神层面的含义。在物质保障方面，我国高等院校学生仍然需要依赖家庭承担相应的教育支出。

高等院校学生的教育成本在普通家庭经济收入中的占比仍然是较高的，家庭每年都需要在学费、杂费、生活费等方面负担很大的花费开销。有人以江苏省普通家庭为例，调查了2018年该地区培养一名大学生所需的教育支出①，发现一名大学生每学年的学费为5000～8000元、住宿费800～1500元、书本费300～500元、通信费100元月、伙食费800～1000元，此外还有社交、购物、交通、旅游等方面的开销，每年大约需要近20000元的费用。高等院校学生如果能在求学期间获得来自家庭的充分物质保障，就可以将更多的精力投入到学习中，减少相应的学业压力。而目前的高等教育成本对于一些家庭而言仍然是不小的负担。虽然随着经济的发展和脱贫攻坚的全面胜利，人们的物质生活水平有了极大改善，但仍有家庭无法在高等教育过程中给予子女充分的支持，一些高等院校学生仍需要通过各种形式的勤工俭学支撑学业。也有一部分学生虽然可以获得家庭对其基本学业生活的支持，但为了自己其他方面的消费欲望，也会参与到各种校外兼职打工活动中。兼职等勤工俭学活动会减少高等院校学生在学习方面的时间投入，也必然会影响到学习成绩，产生学习压力。此外，家庭物质支持的匮乏，还可能使一部分高等院校学生产生自卑、焦虑和羞愧等心理问题，经常处在心烦意乱、焦躁不安的状态中，无法在学习活动中集中精力。

除了物质方面的支持，高等院校学生在求学过程中也极其需要来自家庭的精神支持。虽然高等院校学生的思想日趋成熟，但在求学生活中仍会被许多问题困扰，渴望与别人倾诉思想上的困扰，解开心理上的疑惑。一些高等院校学生家庭环境较为和谐包容，家长能够站在孩子的角度思考问题，睿智地帮助其解决遇到的各种困惑和烦恼，在子女的成长过程中给予其充分信任。这些学生虽然步入高等院校远离家庭，但当其遇有问题时也

---

①　李锋：《江苏普通家庭大学生教育成本及差异的实证分析》，《教育现代化》2018年第13期，第217～219页。

会主动与家人沟通，获得精神上的帮助和支持，使一些问题快速化解，能聚精会神地投入学习中。也有许多家长缺少帮助孩子分析和解决问题的方法和能力，经常忽视孩子思想上的动态，不理解其思考问题的方式，甚至在孩子遇到问题时批评否定、火上浇油。当此类家庭的学生进入高等院校后，遇到问题自然不会与家人沟通，甚至即使向家长说明了所遇到的困惑，也无法得到有效的精神鼓励和安慰，最终还是自己扛下所有，影响到其在学习中的注意力，甚至会陷入学业困境。

（三）学校层面

1. 高等院校对学业质量的高要求

学校是高等院校学生学业活动的管理者和指导者，学校对学习活动的影响将贯穿于学生的整个求学过程，也是学业压力产生的重要来源。

高等院校的教育质量直接关系到国家的持续发展，得到了国家的格外关注和重视。特别是自 1999 年开始实行高等院校扩招政策之后，为了进一步加强对高等院校学生学习工作的管理，提升高等院校人才培养工作质量，国家针对高等教育质量问题提出了《关于全面提高高等教育质量的若干意见》等指导文件，召开了“新时代全国高等学校本科教育工作会议”等专门会议，重点研究高等院校人才培养工作问题，给我国高等教育工作提出了具体要求。在国家的重视和要求之下，高等院校除了在办学特色、学科专业优化和人才培养模式方面进行各种改革和探索外，更加健全了人才培养质量标准，把促进高等院校学生的全面发展和适应社会需要作为衡量人才培养水平的根本标准，进一步落实了文化知识学习和思想品德修养、创新思维和社会实践、全面发展和个性发展紧密结合的人才培养要求。其中，学校对学生的学业水平提出了更高的要求，同时要求学生参与到更多的创新和实践学习环节。

在学校对人才质量更高的要求下，学生需要在学校完成的学业任务无论从数量还是质量上都有增加和提升，如果仍然存在“摆烂”“躺平”的思想，是无法完成学校的相关要求、顺利完成学业目标的。因此，一些对学习不够重视和努力、思想松懈的学生很可能无法满足学校的学业管理要求和考核标准，产生一定程度的学业压力。

2. 高等院校与中学教学模式的差异

高等院校的教学更多关注学生专业技术和实践能力的培养，学生在社会上的受欢迎程度和就业率是高等院校较为重视的方面。而中学阶段，学校则更多地会考虑到学生的考试成绩，因为升学率是评价中学教学水平的重要指标。这种教学目标侧重点上的差异，使得高等院校与中学阶段在教学模式和学习方式上有很大差异，对这种差异的不适应也是高等院校学生学业压力的诱因。

由于中学阶段的学习更关注于成绩，因此中学阶段的教师除了要肩负课程知识讲授的任务，还扮演着学生学业活动的监管者的角色。中学阶段的学习是离不开教师监管的，中学教师除了课堂上正常的教学工作外，还担负着对学生的监管任务，在课堂上会通过各种方法充分调动每一个学生的学习状态，课下也会对学生进行相应的要求和管理，一旦发现学生有所懈怠就会通过引导、批评、惩罚等手段使其重新集中注意力。在这种情况下，许多学生在中学阶段都是被老师“管着学”的，主动学习的能力没有得到充分锻炼。

进入到高等院校后，学生会发现，高等院校教师通常只会在课堂上与自己有所接触，除了在课堂上进行理论知识讲授和课下必要的答疑活动，基本不会参与到学生的学业活动管理工作中。由于每名教师授课的班级较多，加之还要承担科研等工作任务，因此不可能像中学教师一样关注到每一名学生的学习状况，有的师生之间甚至不知道彼此的姓名，更谈不上教师对学生学业的督促和约束。高等院校学生是自己学习的第一责任人，需要依靠自己的主动学习和自觉学习完成学业。但由于在中学阶段已经习惯了被人管着学的方式，一部分学生进入高等院校后无法在短时间内适应这种学习模式，还指望着有人来督促和管理，极易出现学习上的松懈，造成学业压力。这种现象经常在各类高等院校的低年级学生中出现，一些在中学阶段被教师严格管理或者通过各种补课考了很高分数的学生，进入高等院校后却成绩明显下滑，甚至出现多门课程不及格的情况，这种情况的出现大都是由于其不适应高等院校对学生自主学习能力和主动学习能力的要求引起的。

3. 高等院校教师职业素养的影响

除了对学生的要求更加严格和高等院校与中学阶段学习模式上的差异，高等院校教师的职业素养也是造成学生学业压力的原因之一。高等院校教师的职业素养主要体现在其个人业务能力和职业操守两个方面。

高等院校教师的个人能力和教学水平有较大差异，有的教师虽然在学术上有很深的造诣，但对于课堂教学工作却不一定十分擅长，不能结合高等院校学生的特点有针对性地开展理论教学工作，使得学生在课堂上听不懂或无法完全理解课程内容，加之教师缺少对学生学习的相应监管，学生对听不懂的内容可能听之任之，造成学业困境。

部分高等院校教师还存在责任心不强的问题。由于高等院校对教师的管理相对宽松，教师的工作自由度较大，一些教师并没有将注意力完全放到工作上，不注重自身专业技能的提升，对待教学工作存在敷衍的现象。这种情况会直接传导给学生，教师如果不能在课堂上投入饱满的工作热情，必然会影响学生的学习态度，对于课业内容存在的困惑也不能得到有效回答，这势必会影响到学习质量。

（四）个人层面

1. 个人能力

学业问题中的个人能力主要是指学生的学习能力。每个人由于资质、性情和认知方面的差异会表现出不同的学习能力水平，具体表现在个体对所学知识的理解、掌握和运用方面存在差异。

生活中经常会看到一些天才和“学霸”，这类学生给人的感觉特别聪明，老师在课堂上讲的内容很容易就被其理解和掌握，即使其平时在学习中的投入并不是很多，但在各种考试、测验和竞赛中也总是名列前茅。也有学生对知识的理解能力较弱，虽然上课也会认真听讲、课下认真复习，但是始终无法将所学知识灵活运用、融会贯通，出现学习上付出的努力与得到的回报不成正比的现象，严重其打击学业自信。除了这种学习天赋方面的差别，个体在学习的技巧性、主动性和自觉性方面也存在着能力上的不同。有的人在学习中特别有方法，能够抓住学习重点，也能发现自身在某个知识点上的问题，有针对性地进行学习提升。有的学生在学习上则缺少章法，对自身状况了解不透彻，缺少系统的学习规划。在主动学习意识方面，每个学生表现出的能力也有差异，特别是在高等院校学生中，由于缺少了家长和教师的“保姆式”监管，一部分学生逐渐丧失了学习目标，对学业缺少必要的规划，课上睡觉，课下沉迷游戏，不能主动投身到学业的自我提升中①。但也有学生会一直保持高昂的学习斗志，目标明确地投入到各项学业工作中，展现出较强的自主学习意识。

个人的学习能力将直接影响到高等院校学生的学习质量。学习能力较差的学生在各科考试中的表现也必然不会理想，很多学生甚至出现无法通过考试的情况，影响到各种量化考核甚至正常毕业，出现这种情况的学生也必然会感到一定程度的学业压力。

2. 自我定位

高等院校学生的自我定位是指在高等院校学习生活中，学生结合对自身条件和外部环境的认知，形成的对个人能力、发展潜力、奋斗目标和在客观环境中所处境遇的判断。正确的自我定位对高等院校学生的个人发展非常重要，一旦在对自身和外部环境的认知上产生了偏差，就可能造成自我定位上的失误，影响发展目标的实现。

学业目标是高等院校学生自我定位的重要内容。高等院校的学生都怀有对未来的憧憬，也深知学习是实现美好生活的重要途径，因此都会给自己设定或远或近、或高或低的学业目标。

合理的自我学业定位对于高等院校学生的学习能产生积极推动作用，这种合理的学业定位对学生起到了一定的约束作用，虽然缺少了来自家长的督促和管理，但许多高等院校学生仍然会在设定的学业目标指引下主动学习。例如，在高等院校的图书馆和教室中，经常能看到一些学生认真学习直至深夜，其实按照这些学生的学习水平完全可以通过基本的课程考试，他们之所以仍然这样全身心投入到学习中，就是因为对自己做出了考

---

① 张芳、厉虹、范新桥等：《专业课程培养工科大学生终身学习能力的探索与实践：以混合式教学“电机与拖动”课程为例》，《科教文汇》2023 年第 24 期，第 111 ~ 114 页。

研深造、通过专业证书考试等长期或短期的某种学业定位，并朝着定位的方向不断努力。学业目标的设定固然能促进学习，但一些不准确的学业定位也可能会造成学业上的压力。有的学生对自身能力和发展潜力估计过高，可能做出一些不符合自身条件和所处环境情况的自我定位，比如出现设定的短期目标过高或目标过多的情况。有的学生的学习一直处于班级末尾，但为了在奖学金评比等活动中取得好成绩，不适宜地确立了在期末考试进入前几名的目标，过高的目标在较短时间之内是不容易实现的，一旦在考试中未达到预期成绩，就很有可能对自己的学习能力产生怀疑和否定，造成思想上的负担。这种情况的出现是高等院校学生在追求学习成绩的过程中过于急功近利、设定的短期成绩目标过高的结果，反而给学习过程造成了压力，不利于成绩提升。也有的高等院校学生给自己设定的学习目标过多，除了要在本专业课程中取得理想成绩外，还给自己设立了考第二学位、考各种证书、考托福、考雅思、考研究生和考公务员等许多其他目标，相比于中学阶段，其感知到的学习压力不但没有缓解，反而在自己确立的这些学习目标和任务下感受到更为巨大的压力，一些学生甚至会出现筋疲力尽的感觉。

高等院校学生需要不断完善科学自我定位的能力，对自身的学习能力和身边同学的学习水平做出正确判断，设定真正符合实际的学业目标。

三、高等院校学生学业挫折的主要形式

社会、家庭、学校和个体自身的原因都会造成高等院校学生的学业压力，当学业压力超出了学生心理承受能力时，学生就会产生相应的挫折感受，对心理健康造成影响。获取学分、学习竞争和自我提升是高等院校学

生中常见的学业挫折形式，要科学应对高等院校学生的学业挫折问题，就必须了解学业挫折的形成原因。

（一）获取学分

学分是成功地完成某项科目所获得的分值单位，是衡量学生学习份量的一种单位。学分通常用于评价学生是否完成了获得学位、文凭或证书所需的学习工作量。在教育管理中，以选课为核心，通过获取必要学分作为毕业标准的教学管理制度被称为学分制。学分制强调以学生个体为本位，尊重学生的学习自由和个性发展，因材施教，促进学生全面发展，是高等院校人才培养工作中普遍采用的一种模式①。

学分制的理念源于德国的选课制度，1894 年开始被美国哈佛大学应用于教学工作，短时间内得到了美国大多数高等院校的认可和推行。我国的学分制最早是由蔡元培先生在北京大学倡导实行的，但在 1952 年之后，学分制被学年制所取代。1978 年，教育部提出有条件的学校可以试行学分制，同时以武汉大学等几所学校为试点，开始了对学分制的教学探索，经过数十年的发展，学分制已经成为我国高等院校普遍使用的培养制度②。虽然目前我国高等院校学分制在实行上仍存在学年制学分制混合、固定学期开设课程和学生自主选课范围很小等具体问题，但学分制提出的学生必须修满必要学分才能取得毕业资格的要求已经被很好地应用实施。

由于高等院校和专业的差异，高等院校学生毕业所需获得的学分数有所不同，但所需完成的必修课和选修课学时数量基本都在 140～200 学分。

① 赵丹：《论我国高等院校学分制与教学管理制度改革》，《亚太教育》2016 年第 21 期，第 221 页。

② 胡伟莉：《我国高等院校学分制教学管理改革的研究》，武汉理工大学 2005 年硕士学位论文。

按照每学分对应 16 学时课程学习的标准，每名高等院校学生约需完成 3000 学时的学习任务才能达到毕业要求。在修满学分的同时，学生还需要考虑到每门课程的学习成绩，争取在学科考试中获得较好的绩点。在国家对高等教育质量提出更高要求的背景下，各个高校对学生的学分管理也更加严格，高等院校学生也在获取学分的过程中体会到更大的学习压力。

（二）学习竞争

竞争是一种普遍存在的心理需要和行为活动，每个人都会参与到不同形式和程度的竞争中，并希望通过理想的结果实现利益和心理上的满足。高等院校中的竞争也无处不在，学习竞争则是其中最主要的一种形式。

青年人的上进心普遍较强，渴望在与别人的比较中处于优势，赢得关注和肯定。高等院校学生在成长过程中一直受到考试成绩排名等竞争事项的影响，争先求胜的心理更强。在高等院校中，虽然也有一些平时自律性较差、惰性较强、上进意识不足的学生不太关注学习成绩，抱着不挂科就行的态度敷衍学习，但大部分的高等院校学生是比较重视学习成绩的，因为较好的学习成绩不但会令其得到师长和同学们的认可和尊重，还会使其在评优评先等方面处于优势。

“内卷”是近年来比较流行的社会热词，指代某个行业或领域内过度的内部竞争和互相倾轧。这一词语在高等院校内出现的频率很高，校园内的奖学金评比、优秀称号评选、学生干部推选等活动对于学生具有极大吸引力，同时也会造成高等院校学生在此方面的竞争甚至内卷。在这些竞争中，学习成绩的重要价值就会体现出来。学习成绩不仅是高等院校学生能否按期毕业取得学位的评价指标，还是其在校期间参与各种竞争活动的重要量化标准。较好的成绩可以为学生在以上竞争中获取优势，因此，在这种因素的驱动下，学生会更加关注于课业成绩结果，有的时候不能客观地看待考试分数，甚至只是将其作为一种实现目标的踏板，在追求高分数的时候心理状态发生变化，给自己制定过高的成绩目标，在纠结于考试分数的时候产生学习竞争压力。

（三）自我提升

高等院校是个人实现自我提升的重要场所，高等院校无论在师资力量、设施条件、科研平台还是学习氛围等方面，都可以为学生的自我提升创造充分条件和必要保障。此外，高等院校学生也正处于自我提升能力最强的人生阶段。这一时期，人的学习能力和创造能力都处在一个相对较高的水平，对所要学习内容的接受、记忆和理解都非常快，更容易实现自身的进步和跨越。

许多学生认识到在校期间是实现自我提升的黄金时期，给自己设定了许多课业知识之外的提升目标。例如，有的学生为了锻炼自身科研能力，参加大学生创新活动等科研实践；有的学生为了提升社交和组织能力，参加各种大学生社团和学生会组织；有的学生为了增强社会竞争力，自学英语、法律等专业知识，考取相应的等级和资格证书。科学合理地处理专业课学习和自我提升工作的关系，可以使学生更充分地利用高等院校生活时间，锻炼和强化自身能力。但自我提升是需要投入相应的时间和精力的，一个人的精力是有限的，过多过重的自我提升目标也会造成顾此失彼、应接不暇的局面，甚至出现一定的疲惫感，无力解决自我提升和专业学习在时间与精力分配上的矛盾冲突，影响到专业学习。

来自社会、家庭和个体自身各个方面的因素都可能导致高等院校学生产生学业压力，当这种压力增大到一定程度，就会使其体会到相应的挫折感。高等院校学生的学业挫折是不容忽视的重要问题，一旦产生学业方面的挫折心理，学生就会表现出焦虑、恐惧等负面情绪，苦闷和忧虑于学习成绩，丧失对自身学习能力的信心，逃避学习活动，还可能出现抑郁等心理健康问题，影响学习和生活。高等院校学生的挫折教育研究必须把学业挫折作为重要内容，根据社会发展和学生实际情况，充分把握住造成学业挫折的心理诱因，挖掘蕴含在挫折表象中的深层次问题，为学生的学习创造更好的内部心理条件和外部环境氛围，使学生以更好的状态开展学业活动，获取知识和技能上的提升。

第三节　高等院校学生的情感挫折

一、情感的定义

情感是人对客观事物是否满足自己的需要而产生的态度体验。情感的产生既受到外界客观事物的影响，又取决于个体自身的认知能力，是内外部因素共同作用的结果。情感在人类生活中的意义重大。对于自身而言，情感是激发心理活动和行为表现的内因。在情感支配下，人类产生愉悦、兴奋、欢快、焦躁、郁闷等情绪特征，并在行动上体现出对客观事物的喜好与厌恶。情感还是人类社交活动的基础。通过情感交流和沟通，人们能够增进彼此的了解和信任，并在此基础上形成亲情、爱情和友情等彼此之间的社会关系。

人的情感受到内外因条件的影响，个体自身心理健康状况和外部环境压力情况都会对其情感产生影响，这种影响可能是令个体受到鼓舞的积极情感，也可能是让其备受挫折的消极情感。虽然每个人都希望获得情感方面的积极感受，但现实生活中的情感挫折是不可避免的。对于高等院校学生，情感挫折也是影响其心理健康的重要内容，特别是高等院校学生的生理和所处环境特点，使其更容易遭受情感挫折的影响，也更容易在情感挫折中受到伤害。

二、高等院校学生的情感特点

在类似的成长环境影响下，我国高等院校学生的情感特点具有一定的共性，比较典型的情感问题表现在如下几个方面。

（一）情感磨炼较少，易于受到挫折

我国的家长普遍对子女有着较高的期望，在孩子的成长过程中，学习成绩是家长最为关注的问题，家长会尽一切努力给孩子提供最好的学习条件和氛围，同时为了不让其他事情分散和影响孩子的学习注意力，家长会帮助其解决生活中的一切问题。特别是对于高等院校学生，在其成长经历中，绝大部分时间和精力都用于学习，与其他外界事物的接触相对较少，即使有与外界的联系和接触，出现问题时也会有家长代替其做出分析和判断，对客观事物的主观认知方面的锻炼较少，在各种事物中所能体会到的情感磨炼也相对不足。

在高考之后，学生步入高校校园、远离家人时，这种情感磨炼较少的问题就会有所体现。当其需要应对和处理爱情问题、同学室友关系问题、师生相处问题和社会交往等情感问题时，就容易出现困惑和迷茫，特别是在某些情感体验中出现一些不良感受时，更可能在情绪上受到影响，无法将情绪感受控制在合理的状态，出现情感挫折，影响个人的生活。

（二）情感较为脆弱，抗击能力不强

情感脆弱的人在外界轻微的刺激下就会产生较为强烈的情绪波动，即使有时这种刺激对他人来说甚至是可以忽略不计的。脆弱情感的产生既与个体自身性格特征有关，又受到成长环境和经历的影响。有的人天生就多愁善感，一些极其细小的事情也会使其感动、伤心甚至痛哭流涕，这种性格的人就比较容易受到挫折情境的影响。也有的人脆弱的情感源自成长过程中没有经历过多的磨炼，对客观事物的认知不够客观和全面。

高等院校学生在成长过程中通常都会被家人过分关照，除了学习问题，几乎所有的事情都被家长包揽。许多学生长期处于这种家人过度的干预和控制下，会出现对外界事物情感反馈机制的失调，表现出较差的心理素质特征，当遇到批评、指责和其他一些不符合自身情感需要的情况时，就会瞬间受到重击。特别是在家长的长期溺爱下，一些学生还形成了以自我为中心的思维模式，面对各种情感问题时，只会站在自己的角度思考问题，完全不顾及客观情况和社会规则，一旦情感问题没有按照自己的想法发展，就会显现出脆弱的“玻璃心”，情绪价值被击得粉碎。

（三）情感容易空虚，缺少人生目标

在中学阶段，学生的学业目标相对明确，在社会和家庭的影响下，中学生普遍将考上大学作为中学阶段的终极任务，在此目标的驱动下，也都会将更多的精力投入学习中。此外，中学阶段的学习任务较重，学生也没有更多的时间思考其他问题。进入高等院校后，学业压力减少较多，空闲时间增加，许多学生在此时没有及时树立人生目标，会忽然失去了奋斗的方向，每天不知道应该做些什么，出现茫然的感觉。

在高等院校读书期间，学生身处的环境也发生了很大变化。中学时

期，家长会在身旁嘘寒问暖，老师会在左右督促指导，每天都身处别人的关注和关心中，成为众人的焦点。在高等院校生活中，家人不在身边，缺少了亲人朋友的陪伴和支持，情感上出现孤独的感觉。高等院校的学习方式与中学又有极大不同，需要养成独立思考问题的能力，依靠自己解决学业难题，无助的感觉也必然经常会出现。因此，如果高等院校学生不能及时建立起较为明确的目标，并为之努力奋斗，就很可能会在无法真正适应高等院校生活环境前出现较为明显的情感空虚。

（四）情感脱离实际，沉迷网络

网络的出现对整个世界影响巨大，不但为人类的生产生活提供了巨大的便利，也深刻影响了人们的生活方式。目前的高等院校学生是伴随着网络成长起来的，网络双刃剑的特征在其身上的表现也更加明显。

高等院校学生特别善于利用网络，也特别容易沉溺于网络，使情感迷失于网络世界。网络交友、网络游戏和网购等已经是当前高等院校学生日常生活的重要组成部分。有一些学生在网络上投入的精力甚至已经超过了现实世界，情感也受到网络的影响，严重脱离实际。生活中经常能见到这样的场景，各种聚会之中，每个人都拿着手机，将情感倾注在虚拟世界里，而对就在身边的亲朋好友，却没有一点思想和情感交流。这种现象在高等院校学生中更为普遍，家庭聚会中，很多人会抱着手机专注于虚拟世界而无视家人们渴望交流的眼神。在网络上的过度投入，使许多高等院校学生的情感脱离实际，缺少应对现实情感挫折的能力。

三、高等院校学生情感挫折类型

具有丰富的情感，是人类作为高级动物的重要体现。在人类生活中，情感问题始终伴随，例如家人之间的相互关怀、恋人之间的相互关爱和朋友之间的互相关心，等等。这些美好的情感是人类生活的重要内容，也是人类社会不断向前发展的动力。在与身边的人相处过程中，既能让人体会到愉悦、快乐、幸福、温馨的情愫，也会有让人感到困惑、沮丧、伤心和烦恼的时刻。情感世界里不可能事事如愿，有喜乐也会有哀伤。

高等院校学生正处在情感最为丰富的年龄段，在感受各种美好情感的同时，也会经历情感上的失败和不如意，体会情感挫折。在高等院校学生的实际生活中，恋爱失败挫折、人际交往挫折和突发事件挫折是常见的情感挫折类型。

（一）恋爱失败挫折

爱情是人类最美好的情感之一，被誉为人类永恒的主题。在高等院校的校园里，爱情也是最被学生们渴望和津津乐道的话题，是高等院校生活重要的组成部分。高等院校学生的身体已经进入到成熟时期，生理上的发育使其对异性充满了更多的向往和好感，学习压力的减轻和远离家人的失落又使其感到精神上的空虚，更渴望新的情感寄托。因此，高等院校中的恋爱现象非常普遍，也被认为是高等院校生活的美好点缀。

积极向上的校园恋情是有益于身心健康的，两个年轻人会怀着对彼此的爱慕，基于共同的生活理想，为了创造未来的美好生活而努力拼搏。正确的恋爱观是建立在互相尊重、互相承担责任和相亲相爱的基础上的。恋爱中的两个人应该彼此尊重对方的人格，站在对方的角度思考问题，在情感中付出真情实意，全身心地关爱和守护对方。同时，两个人要树立更加明确的生活目标和积极的人生态度，特别是对于高等院校学生，要多在学业上鼓励和支持对方，把对未来的美好憧憬转化到两人学业的共同进步之中，为今后的幸福生活打下更牢固的能力基础。

正确的恋爱观是非常有助于高等院校学生的情感和学业发展的，校园内经常能看到彼此真心相对、积极面对爱情和学习生活的学生情侣，成为高等校园内的靓丽风景。但人的情感是会受到各种外部因素和内心想法影响的，人的爱情也很难一帆风顺，再甜蜜的爱情也会经受各种风雨袭扰和考验，使人体会到恋爱失败的挫折。个体在恋爱挫折问题上表现出的不同反应，是与其人生观、恋爱观、认识能力、思维能力和人生境遇等许多方面相联系的。

高等院校学生由于思想并未完全成熟、对客观事物的认知不全面以及人生阅历较少等问题，更容易在恋爱过程中体会到挫折感。失恋是恋爱过程中经常出现的一种现象，多指恋爱一方被其恋爱对象抛弃，或一方单方面追求恋爱对象而未能如愿的情况。失恋是一种消极的情感体验，会给当事人带来忧愁和痛苦的情绪反应。很多人在面对失恋问题时，能够正确看待和处理，经过自我调整后重新回归正常生活。但也有相当一部分人，情感较为脆弱，在恋爱挫折面前无法有效疏导和排解，出现较为强烈的情绪和行为反应。高等院校学生在遭遇失恋时，所体会到的挫折感通常更为强烈，这主要与高等院校学生的以下特点有关。

首先，高等院校学生在成长过程中通常受到了家人无微不至的照顾，家长会想尽办法满足其一切愿望。在恋爱过程中，其也理所当然地认为自己给予对方的爱的信号应该被回应和满足，一旦遭到对方的拒绝，其脆弱的心理必然难以承受失恋的挫折。

其次，一些高等院校学生没有远大的人生目标，进入高等院校后缺少努力的方向和动力，精神世界较为空虚。恋爱使其心理找到了一定的归属和寄托，有了相应的慰藉，不过如果出现了感情问题，其情感又可能回到空虚状态，茫然无措失去方向。

最后，高等院校学生的人生经验较少，缺少对复杂事情的分析和处理能力，当遇到恋爱问题时，比较容易纠结和陷入其中，特别是当遭遇失恋时，会出现整个世界都要崩塌的感觉，没有办法也没有能力从情感的漩涡中挣脱出来。

（二）人际交往挫折

社会性是人的重要属性，在生产生活中，人们会建立彼此之间的社会关系，这种社会关系是通过社会交往体现的，个体的性格、思想、行为和背景等会影响到其在这些社会关系中的表现，同时也会在人际交往中感受到外界对自身的态度。人们既可以在人际交往的过程中形成更准确的自我认知，也能在人际交往中体现自我价值。

良好的人际交往关系是每个人都渴望拥有的，但人际交往也一定不会完全按个人理想的方向发展，不可避免地会受到个体自身和外部环境的影响，有时也可能会出现人际交往的难题和困境，感到人际交往方面的挫折。

1. 影响人际交往的因素

不同的人在人际交往过程中表现出的能力和感受到的境遇会有一定的差异：有的人融入外部环境的能力特别强，很容易与周围的人建立良好的互动关系，得到他人的认可和支持；有的人很难与外界建立有效沟通，经常感觉自身不被他人喜欢和接受，时常在各种交往活动中碰壁受阻。造成这种人际交往境遇差异的因素很多，涉及个人特质、社会关系和社会环境等多个方面。

（1）个人特质

个人是人际关系活动的主体，因此个体自身的特质是影响人际关系质量的根本原因。个人特质包括个人的个性品质、性格特征、能力水平和外在魅力等方面。

优良的个性品质对于人际关系的建立非常重要。人际交往中，首先要充分地尊重和真诚地对待他人，这样才能赢得对方的认可，进而形成良好的人际互动关系。过度地以自我为中心，不顾及他人感受，是不利于人际交往的。

性格特征也决定着人际交往的质量。生活中经常会看到一些人际关系氛围特别好的人群，这些人通常具有热情、开朗、随和、仁厚的性格，他们能为对方着想，体谅和同情他人，也乐于融入身边环境，非常受周围人的欢迎和喜爱。也有的人性格自私、孤僻、自卑，不屑或不敢与周围的人过多接触和交流，也不愿意为他人付出，人际关系较差。

个人能力水平的差异也会在人际交往过程中体现出来。有的人与人沟通和为人处世的能力特别强，同样的境遇下，这种能力水平的人通过语言交流或行为表现很容易就会取得他人的信任并建立联系；而交往能力较差的人，虽然也非常渴望与他人的联系和互动，但就是不得其法，始终无法获得对方的认可。

除了以上几个方面，个体自身的外在魅力也会极大地促进人际交往活动。美好的事物对人都是具有吸引力的，一个人相貌气质和行为举止都会影响到他人对自身的印象，具有魅力的外在条件无疑会给人际交往活动加分。

（2）社会关系

在社会活动的需要下，人们才产生了彼此之间的联系，因此，社会关系是人际关系产生的基本前提，是人际关系形成的重要基础。社会活动中个体认知的相似性、社会需要的互补性、社会关系的亲密性、交往频率的密集性是影响人际关系的重要方面。

在个体认知方面，人们更愿意与和自己的思想意识、道德水准、理想信念和兴趣爱好相似的人接触和交往。俗话说“物以类聚，人以群分”，认知相似的人更容易产生思想上的共鸣和行为上的一致。校园内一些关系较好的同学通常是以共同的兴趣爱好为纽带走到一起的，在共同参与学习和文体活动的过程中彼此增进认识、建立情谊。

社会需要的互补性促使个体为了弥补或满足自身的某种不足或需求，主动地与他人建立联系。个体发现自身存在某些不足时，就非常羡慕有这些特长的人，并渴望与其接近，互相取长补短。在社会活动中，一些必须通过他人解决的问题和需求的出现，也促进了人际交往活动的产生。

社会关系的亲密性也决定了人际交往的环境氛围。每个人都有自己的社会关系角色，所处的角色决定了自身与他人关系的亲密性，直接影响到人际交往状态。通常与亲近的人更容易建立较好的人际氛围，在感情因素的影响下，一些可能影响交往质量的品质、性格、能力和外在等方面的缺点也会被包容和忽略。子女在与父母的交往中能感受到的环境氛围通常是非常好的，家庭成员的这种亲密性可以淡化和消除其他社会关系中可能存在的诸多人际交往负面因素，这就是社会关系亲密性对人际交往影响的重要体现。

交往频率也极大地影响人际关系发展，人们之间的亲疏关系在一定程度上是与交往频率成正比例关系的，交往的频率越多，人们之间在思想上越能够达成共识，在习惯上越容易趋同靠近，在情感上越渴望互相寄托。

例如，高等院校同寝室的室友，在每天的接触过程中就非常容易形成稳定的人际关系，当然，这其中既包括团结友爱的良好人际氛围，也会存在一定的冲突和矛盾关系。

(3) 社会环境

社会环境方面，社会风气、道德水平、经济发展程度及人们的价值观和生活方式等都会影响到个体的人际交往。

社会的道德水平越高，人们的精神面貌越积极向上，生活水平越富足，人们在交往过程中越容易以诚相待、互相扶持，个体所能感受到的人际关系氛围就会越好。我国目前经济发展良好，人民物质生活较为优越，社会主义核心价值观深入人心，人民群众的思想水平和个人素质普遍提高，与之相对应，人们在各种活动中体会到的人际关系氛围较好，无论是在家庭中、工作中还是社会交往中，人们都表现出爱党爱国、诚信友善、宽厚包容、积极进取的风气和面貌，造就了和谐的社会氛围。反之，动荡不安、道德沦丧、尔虞我诈的社会环境一定会造成人际关系质量的下滑，在人际交往活动中人们为了自身的利益会不顾及法律和道德要求，人际交往中真诚和信任缺失，人际交往的外部环境变差。

2. 人际交往挫折产生的原因

人际交往对高等院校学生具有重要的作用，是实现高等院校学生全面发展的重要途径。在高等院校求学期间，学生不但要增长专业知识，还要培养接触和融入社会的技能。通过人际交往，学生能够更客观地认识社会和生活，并在此过程中提升自身的认知能力、沟通能力和环境适应能力，促进身心发展走向成熟，为今后的生活打下基础。

虽然高等院校学生还未完全步入社会，但身边也存在广泛的人际交往场景，家人之间、室友之间、同学之间和师生之间都存在思想上和行为上的交流和互动。高等院校学生在生理发展上也趋向成熟，心理呈现出独立意识增强、情感丰富且兴趣广泛，正处于渴望结交朋友和展示自我的阶段，因此，无论在客观环境还是主观意识上，都给高等院校学生带来了多样的人际关系活动场景。在这些活动之中，不同学生的人际交往能力和状态也相应体现出来。

由于高等院校学生在性格特征、处事能力等个体特质方面还不够稳定和成熟，因此在人际交往中可能会出现思想上的困惑和实际境遇的难题，造成人际关系挫折。特别是在与室友和同学的交往以及与教师的相处过程中，更容易出现造成挫折感知的情境，影响到学习生活。高等院校学生人际交往挫折产生的具体原因有以下几个方面。

（1）环境变化适应力缓慢

适应环境是人类需要具有的重要生存能力之一，适应力的强弱在一定程度上决定着人类个体的发展水平。对外部环境适应力较强的人，能在短时间内调整好身体和心理状态，满足新环境对自身的要求，与环境和谐共处。而适应能力较差的群体，当脱离原本熟悉的外部环境进入一个新的氛围中时，则可能出现思想的抵触和身心的不适，影响到工作和生活质量。

适应能力是需要经过一定的实践锻炼才能培养出来的。高等院校学生成长阶段主要精力几乎都放在学习上，家长为了使其能有更好的学习环境，会竭尽全力提供各种保障，避免在其学习过程中出现其他干扰，因此，高等院校学生成长阶段所处的生活环境相对稳定，缺少必要的环境适应方面的磨炼。进入高等院校后，学生的各个方面的生活和学习环境都有较大变化。

首先是集体生活的问题。高等院校普遍都是住校的管理方式，学生将从独立的居住休息空间转向多人共处的住宿生活，生活在一起的同学在生活习惯和性格特征上都有很大不同。相互之间的矛盾和摩擦在所难免。

其次是与老师的相处环境也与中学阶段有很大不同。高等院校教师的管理方式和教学模式不同于中学教师，老师会更多地以成年人之间的相处方式对待学生，按照成年人的为人处世标准要求学生的思想和言行。

最后，高等院校学生远离家庭后，需要独立思考和面对的问题快速增多，更会不期而遇一些相对棘手的人际关系难题。

人际交往环境的变化是高等院校学生不可避免要遇到的问题，但对于一些长期被师长以“未长大的孩子”标准进行衡量的高等院校学生来说，对这些新环境的适应能力较为缓慢，有些学生甚至临近毕业还无法完全适应，和教师几乎没有联系沟通，甚至从未和授课教师说过话，与室友和同学的关系也是一团糟糕。

（2）复杂问题应对力较差

家长普遍把学习作为孩子成长阶段最重要的内容，为了提升学习成绩可以付出一切，而对孩子生活能力的培养方面关注较少。许多学生都是衣来伸手、饭来张口，根本不需要过多思考学习之外的问题，所有的事情都会有家长去承担和解决。进入高等院校开始独立生活后，高等院校学生需要独自思考和应对的内容增多，其中不乏一些人际交往方面的问题。

高等院校学生以往面临的人际关系相对简单，且在成长阶段的人际氛围中，其大多是处于人际关系的焦点位置，受到身边人的关注和包容。由于成长阶段缺少人际交往方面的锻炼，高等院校学生在进入高等院校后，会出现无所适从的感觉，不知道如何与不同的人群相处，不能很好地处理人际交往中的各种问题。特别是遇到一些较为复杂的人际冲突时，更不知道如何去化解矛盾、改善关系。此外，部分学生在自身性格品质方面也存在一定缺陷，凡事站在自己的立场思考问题、不顾及和体谅他人的感受，这更容易使其陷入人际关系的困境。

（3）事物发展认知力有限

高等院校学生涉世未深，对社会和事物发展的认知力较为有限，这也会在一定程度上造成其人际交往的困境。青年学生普遍热情活泼，对外界事物的想法较为积极阳光，而对各种潜在困难的意识和判断不足。当其面临人际关系问题时，会很主观地认为事情将朝着自己期望的方向发展，不能充分认知事物发展的客观规律，没有充分意识到人际交往中可能存在的潜在问题。当与人相处过程中出现未预想到的困境时，一些负面情绪就会立刻表现出来。

有的学生对人际交往问题过于理想化，没有充分考虑到人际交往中存在的困难，认为别人会按照自己的设想在态度和行为上做出回应。例如，在寝室同学的相处之中，有的学生会主观地认为自己的生活习惯和方式是正确的，也是会被其他同学普遍采用和认可的，忽视了人的性格习惯各不相同的客观规律，造成集体生活中的许多矛盾冲突，产生人际交往中的挫折感。

（4）困难环境耐受力薄弱

耐受力是指人在困难环境中保持正常心理和行为状态的能力。人际交往过程中，也会出现一些困难的环境和局面，考验着个体的耐受能力。生活阅历丰富的人，在人际交往过程中表现出的耐受能力相对较强，能够较为准确地分析人际困境的症结所在，并通过心理建设调节和疏导情绪。

高等院校学生人生经历较少，遇到的人际关系问题更少，相对优越的成长条件使其对失败和挫折的体验不足，对外界环境较为敏感，缺乏对人际关系困境的耐受能力。对于耐受力薄弱的学生，对方不经意的一次忽视、一句话语、一个举动都可能使其产生被轻视、被孤立和被敌对的感觉，进而在人际交往中表现出孤独、怨恨、抑郁、无助等负面情绪，出现刻意躲避、自我封闭甚至企图伤害他人的行为，陷入人际交往挫折。

（5）挫折情绪排解力欠缺

人际关系困境是客观存在的，一个人无论个人特质多么突出，所处的外部环境多么优越，都不可避免地会在生活中遇到不同形式和程度的人际交往挫折。人际交往挫折带来的负面情绪需要通过有效的方式进行化解和消除，否则就会影响人的身心健康，给人际关系带来更大困境。

抗挫折能力较强的人会在出现人际关系挫折时，客观分析问题原因，并在此过程中，通过与对方必要的沟通交流改善局面、走出困境，或者借助各种类型的文体活动、思想交流和人际互动排解挫折情绪。一些高等院校学生在遭遇人际关系挫折时，往往会陷入郁闷焦虑的情绪之中，出现对自我社交能力的否定。此时，更多地与志趣相同的同学进行交流，寻求师长的心理指导和帮助以及参加各种形式的集体活动，都是有助于建立全新人际关系、走出负面情绪困扰的。很多高等院校学生由于缺少必要的经验和锻炼，在挫折情绪排解方面的能力普遍欠缺，无法及时找到负面情绪转移的渠道和方法，挫折情绪会持续较长时间，困扰正常生活。

（6）人际关系成长力不足

人际关系成长力指在遭遇人际交往挫折时，对挫折问题的产生和发展进行经验总结，进而提升挫折认知和交往能力。挫折虽然是不好的人生体验，但也是走向成功的必要阶梯。俗话说“吃一堑长一智”，在失败中可以磨炼品质，在挫折下能够得到成长。在人际交往中遭遇的各种问题和挫折，都能成为日后处理人际关系的重要经验。许多人际氛围较好的人并不是天生就会应对各种人和关系，而是在不断总结失败和挫折经验的基础上才具备了高超的交往能力。

青年人性格相对不够沉稳，心浮气躁，在遇到人际交往挫折时，自尊心容易受到伤害，过多地被主观情绪控制，纠结于挫折情境表象问题，不能客观分析产生人际交往挫折的原因，不能在总结挫折经验的过程中得到有效的锻炼和成长。当日后遇到类似问题时，他们很有可能重蹈覆辙，再次感受相似的人际交往挫折。

（三）突发事件挫折

在人的生活中，充满了许多的不确定因素和突发事件。“人有悲欢离合，月有阴时圆缺”，这一流传甚广的经典名句充分说明了生活中的一些事件的突发性和不确定性。人们都期望将生活控制在平安喜乐、祥和幸福的气氛之中，但一些突然的变故是不可避免的，在缺少心理准备的情况下，这些突发事件更容易产生个体的情感上的挫折感受。

高等院校学生所能遭遇的突发事件挫折主要是家庭中出现的一些变故，父母离异和亲人离世等突发事件都会对其情感造成巨大的影响。高等院校学生相对更容易感受到这些突发事件带来的情感挫折，这既受到其人生阅历和心理特征的影响，也与其所处的人生阶段有关。

高等院校学生人生阅历较少，心理普遍较为脆弱，对重大变故的承受能力较差，容易出现较为强烈的情感波动。年轻人还没有对生命、家庭等问题形成较为深刻的理解，对生老病死和婚姻家庭等问题认识不足，在无忧无虑的环境中成长起来的青年学生，几乎从未思考过家庭危机、亲人逝去等问题，突然遭遇变故会使其感到难以接受。

近年来，由于社会观念的不断发展和生活模式的逐渐改变，离婚率也在日渐增高。有一部分中年人群的婚姻生活是处于危机状态的，但这部分人群为了不影响子女的学业，通常会在孩子高考前维持婚姻状态，继续营造良好的家庭氛围，一旦子女高考结束开始了高等院校生活，就会将离婚问题重新提上日程。因此，一些原本生活在正常家庭中的高等院校学生，可能在某一天忽然听闻父母离异的消息，在毫无思想准备的情况下产生巨大的精神负担。同时，此年龄段的学生对婚姻生活并没有全面了解和感受，无法理解和体会父母分开的深层次原因，从而产生情感挫折。

高等院校学生求学期间会较长时间远离家人，对家中发生的一些事情不能直接了解和掌握。当家中发生一些不好的状况时，为了不影响学生的学业，家人通常会对其隐瞒这些情况，涉及家人身体健康方面的问题更不愿意让子女知道。高等院校学生的家长，特别是隔代的长辈年龄通常较大，身体容易出现某些问题或疾病，而在外求学的高等院校学生可能对此并不知晓，当其忽然听闻亲人生病或离世的噩耗时，在心理上完全没有准备和预判，突发的家庭变故会对其造成暴击和重创，使其感受到巨大的伤心和绝望，在情感上遭遇严重挫折。

高等院校学生处于情感世界最为丰富的时期，渴望充分表达情感、展示自我、体验各种美好的情愫。高等院校学生也处于情感最为敏感的时期，在心理上羞涩、脆弱，容易受到外界环境影响而产生情感挫折。同时，高等院校学生对客观世界的认知还不全面，心理承受和调节能力仍不健全，更可能长时间地困扰于情感挫折之中，影响到正常的学习和生活。

高等院校的心理健康教育工作，必须关注到高等院校学生的情感特点、情感挫折产生的原因和情感挫折的危害等，有针对性地开展情感挫折教育工作，全面提升高等院校学生在面对恋爱、人际关系等情感问题时的挫折应对能力。

第四节　高等院校学生的就业挫折

人们参与学习活动的目的有很多，比如实现自我能力提升、掌握服务社会的本领等，在诸多的目的之中，提升就业竞争力无疑是最为重要的一条。就业是指通过付出劳动的方式将个体与生产资料结合起来，同时保证个体在劳动中获取对应的报酬或其他类型的经济收入的社会活动。就业过程中所从事的社会劳动需要在法律允许和认可范围内的，并且这种劳动需要创造出对应的社会价值或经济价值。也可以将就业简单理解为个体凭借自身能力获得工作机会，并在一定时期内固定从事此项工作的社会现象。

就业对于个人和国家的意义都极为重大。通过就业，人民群众可以获得生活所需的资料和保障，同时实现自我成长和提升。较高水平的就业率也是国家不断发展的动力和社会持续稳定的基础。就业问题相对复杂，与社会发展水平、人口数量、劳动者受教育程度和内外部经济环境等多个因素密切联系。

高等院校学生是国家未来建设和发展的根本力量，是经济持续发展的源动力，在复杂的就业问题中，高等院校学生的就业情况无疑是最为引人关注的。

高等院校的学生都希望通过在校期间的学习，在各方面充实和提高自己，使自身具有更高的社会竞争力，能够在就业过程中找到理想的岗位。但在各种因素的影响下，高等院校学生的就业形势并不乐观，考上大学就能找到好工作的状况早已不复存在，就业过程中所遇到的各种困境已经给高等院校学生形成了巨大的心理压力，就业难题也成为高等院校学生重要的挫折来源。

一、中国高等院校学生就业政策演变①

中国的高等教育源于洋务运动末期，因此中国的高等院校学生就业政策研究也是在民国时期才开始出现的。

由于高等教育刚刚兴起，因此当时国内的高等院校毕业生人数极少，通过华东师范大学出版社 1982 年出版的教育专题报告选编中的资料介绍，1949 年，做为国内教育最发达城市之一的上海仅有学生 2 万人，这其中还包含了中小学等各个阶段的人群，全国大学生的比例可想而知。虽然高等院校毕业生人数极少，但大学生的就业问题却并不轻松，甚至还发生了大学生针对就业问题的请愿活动。当时的高等院校毕业生就业矛盾主要体现专业就业差异上。资料显示，20 世纪 30 年代中期，国内各专业的就业率出现较为明显的差异，交通管理等学科的就业率能够达到 100%，而政治、史学等学科仅达到 60% 左右；理工科、农业等就业率相对较高，而文法、商科则有较大比例的学生无法找到合适工作。为解决此问题，民国政府对学科实行了分类，将当时实用性不强的文、史、法、商、艺术等学科归为甲类，将实用性较强的理、工、农、医等学科归为乙类，要求甲类学院招

① 廖善光：《中国大学生就业政策的历史演变》，《当代教育论坛》2015 年第 2 期，第 87～91 页。

生和转学人数平均值不能高于乙类学院招生和转学人数平均值，从招生规模上对学科结构进行了调整。同时在就业岗位上，通过政府定期和临时组织的各类专门针对“文官”的招录考试，给甲类学科制造更多机会。在社会上，政府积极开展就业指导工作，兴办职业介绍所，初步形成了政府主导、民间参与的就业模式。虽然受到历史局限性，民国期间的高等院校学生就业相关政策并未取得明显的成果，但也为今后的就业实践提供了一定的借鉴。

新中国成立以后，国家的高等教育事业有了新的发展。在计划经济时期，社会严格按照计划经济的模式进行运转，包括高等教育工作在内的各种生产和社会活动，都在国家的计划管理下进行。此时高等院校毕业生是由国家按照需要统一进行分配的，整个社会也都会按照国家的计划要求接受毕业生。因此，在这一时期，高等院校毕业生基本不存在就业方面的难题。

改革开放后，国家的经济体制开始调整，计划经济开始逐步向市场经济过渡，与计划经济相统一的高等院校毕业生分配制度也开始有所变化。1983 年，清华大学率先开始了减少毕业分配比例的探索，通过“供需见面会”的方式形成了毕业生与用人单位的直接沟通，消除了计划分配过程中存在的一些弊端。1985 年，中共中央颁布了《中共中央关于教育体制改革的决定》，明确指出对于国家招生计划内的毕业生实行在国家计划指导下的，将本人志愿、学校推荐与用人单位择优录用相结合的制度。这是我国高等院校毕业生就业政策方面的一次重大变革，标志着中国大学生就业政策的一次重大变革，为国家后续提出的高等院校毕业生应在国家政策指导下，通过人才劳务市场、通过自主择业实现就业的政策打下了基础。

二、我国高等院校学生就业现状

在国家要求毕业生通过自主择业的方法实现就业的政策下，市场供需关系已经成为影响我国高等院校学生就业率的重要因素。在高等院校毕业生供给方面，随着我国高等教育事业的蓬勃发展和高等院校的不断扩招，高等院校毕业生数量连年增加。而随着现代科技的发展和产业模式的转变，机械化、信息化和智能化的现代生产方式大大降低了人力的消耗，各行各业的用工需求都有所减少。一些体制内和政策性的岗位数量也在趋于饱和，市场每年可以提供的就业机会远大于高等院校毕业生数量，高等院校学生的就业压力也越来越大。

在就业岗位数量和质量无法满足自身要求的情况下，许多高等院校学生的就业观念和择业方式也在逐渐发生改变，延缓就业已经成为相当一部分高等院校学生的选择。继续学习深造既是高等院校学生进一步实现自我提升的需要，也是一部分学生延迟就业压力的选择。近年来，我国研究生考试报名数量持续增加，已经连续多年超过400万人。2024年，考研人数达到438万，在应届高等院校毕业生中占比较高。除了在毕业后继续学习生活外，不从事某种固定工作的“自由职业”和暂时不参加工作的“慢就业”现象也在不断增加。智联招聘对2022届高等院校毕业生进行的一项就业调研数据显示，仅有50.4%的毕业生选择去单位工作，选择自由职业和慢就业的比例分别占到18.6%和15.9%。有学者对国内某石油工程学院2022届毕业生就业情况进行统计，在调查的299名毕业生中，有147人读研继续学习，23 人未能就业，实际就业的占比不足 50%。[①] 考研、自由职业和慢就业比例的增长，虽然与高等院校学生的自我规划和择业观念的改变有一定的关系，但同时也显示出目前高等院校学生所面临的就业形势是较为严峻的，学生在就业过程中也会感受到较大压力，心理上容易受到挫折。

三、高等院校学生就业挫折产生的原因

就业问题的产生涉及因素较多，既有社会层面和教育体系中产生的供需关系问题，又受到社会观念和传统认知的影响，更与择业者自身的能力水平息息相关。在这些因素的共同作用下，一些高等院校学生感受到了较为强烈的就业压力，同时在择业的过程中，遭遇了各种阻碍和挫折，对心理健康产生了相应影响。要解决高等院校学生的就业挫折心理问题，必须掌握目前产生就业挫折的主要原因。

（一）毕业人数供大于求

影响就业率的最重要因素就是供需关系，当岗位数量大于求职人数时，就会出现供不应求的局面，就业形势必然非常良好；反之，当市场对岗位的需求明显低于毕业生数量时，高等院校的就业率就会下降。

随着我国高等教育事业的快速发展，各类高等院校的招生规模逐渐扩大，每年的毕业生数量也随之增加。据教育部统计，2023 年，全国普通高等院校毕业生规模达到了 1158 万人，比 2022 年增加了 82 万人，再一次刷新“史上最难就业季”的人数记录。而在 2024 年就业季，高等院校毕业

① 郭冀宁：《新时期大学生就业工作问题及对策分析》，《佳木斯职业学院学报》2024 年第 3 期，第 112～114 页。

生人数比2023年又增长21万，达到1179万。虽然国家通过各种就业引导和扶持政策积极拓宽了高等院校毕业生的就业渠道，增加了就业岗位数量，但庞大的毕业生人数还是远远超过了岗位需求。供大于求的就业形势给高等院校学生的就业带来了压力，一些学生自入校时就感受到了这种供需压力，对于就业问题产生了思想负担，出现焦虑情绪。

（二）教育体系供需失衡

培养和输送社会所需的专业技术人才是高等教育的重要任务之一，教育体系运转过程中需要充分考虑人才规模与市场需求的供需关系。这种供需关系不单指所提供的人才要在专业技能上满足社会发展需要，也体现在培育的人才规模需要符合市场容量。

我国有一些高等院校在专业设置过程中，并没有充分考虑到市场供需关系问题，而是为了吸引更多学生报考，盲目开设一些“热门专业”，甚至在新设专业上过度投入而弱化了原有专业的特色优势。一些高等院校在“办综合性大学”和“学院升格大学”方面的执念也是造成教育体系供需关系失衡的重要因素。为了使学校的专业数量和招生规模符合综合性大学或学院升格的要求，一些大学进行了许多不合适的专业设置，比如医学院开设计算机专业，师范学院开设金融、管理专业，交通大学开设临床医学专业，等等。这些学校开设新专业时，没有长期的发展规划，甚至不具备相应的师资力量和知识储备，其教学质量可想而知。虽然在招生阶段吸引到了一定数量的考生，但其培养结果必然会造成人才质量和数量方面的供需关系失衡，直接影响到毕业生就业。

（三）择业观念固化守旧

“学而优则仕”的观念流传极广，直到现在还在影响着国人的择业观。

在中国人的传统认知中，读书就是为了考取功名，以获取仕途上的晋升。现代社会中，这种观念仍被大多数人所认可，能进入“体制内”、吃“公家饭”被许多人认为是就业的首选和学习的终极目标。这种择业观念非但没有随着社会的发展进步得到转变，反而愈加受到推崇，特别是在经历了新冠疫情的影响之后，许多人在思想上更是认为有一份旱涝保收的工作非常重要，将就业目标转向考公务员和事业编。

以国家公务员考试为例，2023 年共计招录 37100 人，报名人数却达到 250 万人，甚至出现几百人竞争一个岗位的情况，压力可想而知。即使不能进入政府机关工作，高等院校毕业生在就业意向上也会更青睐高等院校、事业部门、国企央企等单位，认为这些地方工作压力小、待遇好还很体面。在这种择业观念影响下，就会出现对某些工作和岗位的过度执念和追捧，造成公务员考试中经常出现的千军万马过独木桥的情况。要想在如此激烈的竞争环境中脱颖而出，高等院校学生必然要付出更多的努力，同时要承受更大的压力。

（四）职业规划模糊不清

做好人生发展规划，树立明确的职业目标，对于高等院校学生是非常重要的。结合自身的兴趣爱好和能力状况，提前设计和谋划未来可能从事的工作，可以使高等院校学生确立更为清晰的奋斗方向，不断在知识和技能方面有针对性地实现自我提升和完善，为就业提前谋划，夯实基础。

但仍有很大比例的高等院校学生并没有具体的人生理想和职业规划，自身定位不准。在一项对高等院校学生就业规划方面的调研工作中，23% 的学生表示对自身的职业性格特征不了解，不清楚自己喜欢从事的工作类型，缺少职业目标。[1] 没有较为明确职业规划的学生不在少数，面临择业问题时，这部分人自主决断力较差的问题就会表现出来，可能盲从于周围的同学，出现跟风考研等一些情况。还有一些学生自我认知不足，造成就业过程中出现规划偏差。有的学生自我感觉良好，目标脱离现实，在寻求一些远超自身能力的工作时屡屡碰壁。

（五）自身竞争能力较弱

就业是一项社会竞争活动，特别是在目前的社会环境下，要想获得理想的工作岗位，更需要展现出较强的个人能力和水平，满足竞争需要。高等院校学生的就业更是其竞争能力强弱的重要体现场景，在众多的求职者中，专业技能和个人条件等方面表现突出的学生，更容易得到用人单位的青睐，获得理想的工作。

实际情况也确实如此，在就业过程中，一些岗位对毕业院校有明确要求，高水平院校的毕业生更容易找到理想的工作。成绩较好、个人综合素质较高的学生在就业中也会处于优势地位。但很大一部分高等院校学生，在就业中表现出的自身竞争能力还是较弱的。有的学生进入高等院校后自我要求不严，放松专业知识学习和自我提升，使得其在求职过程中拿不出能够吸引用人单位的成绩。由于平时积累不够，其在公务员考试等竞争过程中又难以通过。竞争力的差距会在就业过程中展露无遗，自身竞争力较弱的高等院校学生，受毕业院校、个人能力和所学专业等多方面因素的影响而屡遭求职挫折，在求职过程中经常处于被动局面。

---

① 刘学斌：《高等院校大学生就业现状及对策分析》，《人才资源开发》2023 年第 23 期，第 31 ~ 33 页。

（六）创业能力意识不强

大学生创新创业是国家人才培养工作的重要举措，不但有效提升了高等院校学生的创新意识和能力，也对转变高等院校学生就业观念、缓解就业压力起到巨大推动作用。大学生通过自主创业实践，不但可以解决自身的就业问题，还能将志向爱好和实际工作有机结合，在创业中实现自我价值。同时，创业又会产生新的就业岗位和工作机会，持续推动全社会的就业工作发展。

目前，各类高等院校普遍开展了各种形式的创新创业指导工作，取得了一定的成果。虽然在校期间很多高等院校学生接触到了创新创业的课程与实践活动，但大部分学生的创业意识和能力仍然不强。在传统就业观念的影响下，学生普遍缺少自主创业的意识，加之对家庭的依赖心理和对工作的逃避心理等因素的存在，真正投身到自主创业中的毕业生比例不高。由于学业任务，高等院校学生在校期间进行创业实践锻炼时，投入的精力较少，不能得到充分的锻炼和提升，这也导致很多自主创业的学生缺乏相应的能力，给事业发展带来困难甚至创业失败。因此，高等院校学生的自主创业工作还未完全发挥出优势和作用，需要在实践中进一步完善和发展，让更多的学生通过创业实现就业。

四、高等院校女学生就业挫折

随着社会的发展和进步，女性在各项社会活动中的参与度越来越高，发挥的作用和体现的价值日益增强。教育方面，我国女性的受教育权利得到了充分的保障，加之女性在学习方面的投入程度更高，对待学习更为细致认真，很多女性能获得进一步学习提升的机会，高等院校学生中女生比例逐渐增多。教育部2022年的统计数据表明，普通本科院校中女生的比例达到53.25%，占到全部学生的一半以上。在人数增长的同时，就业也成为困扰高等院校女毕业生的一个重要问题。在目前较为严峻的就业形势下，高等院校女毕业生的就业矛盾更加突出。尽管全社会在保障女性就业权益方面做出巨大的努力，但受到主客观因素的影响，女生的就业压力仍然要高于男生，心理承受的就业挫折更明显。

（一）高等院校女毕业生就业难的原因

厦门大学在曾对男女毕业生就业机会差异进行研究，发现在相同条件下，女毕业生的就业机会为男毕业生的87.7%，性别对就业有一定程度的影响。而这种影响并未随着时间的发展而改善，近年来女毕业生在就业过程中的处境依然十分尴尬。造成高等院校女毕业生就业困难的原因主要有以下几个方面。

1. 女性生理特点的制约

虽然女性具有很多的生理优势，使其非常适合从事教师、医生、文秘等工作，但女性在身高、体重、力量等方面也的确与男性存在一定的差距，对某些工作的耐受和适应能力不如男性。生理上的差异使女性很难符合一些岗位的要求，缺少竞争优势，容易在与男性求职者的比较中受到生理条件的制约而失去机会，产生就业挫折。

2. 女性家庭角色的束缚

在现实生活中，女性往往要比男性扮演更多的社会角色，承担更多的家庭责任。婚育是每个人都要面对的问题，但婚育对男性和女性的就业影响却有很大不同。家庭生活中，女性的付出通常会更多，照顾家人的起居饮食、子女的学习教育等许多问题都由家中的女性主导，这都会分散女性在事业上的精力，影响到工作质量。因此在传统社会观念中，人们更容易将女性与家庭角色联系起来，并不会过多地关注女性的事业质量。家庭角色对女性事业的束缚会在一定程度上影响到高等院校女毕业生的就业处境，造成用人单位对女性毕业生的忽视。

3. 工作岗位的现实需要

每个行业的工作内容有很大不同，各项工作内容也对从业者提出了不同的需求，需要最为合适的人从事。社会的各个行业中，有许多工作是对性别有一定要求的，例如工矿企业中的现场作业、消防抢险中的现场救援、公安工作中的值班备勤和业务拓展中的出差驻守等，都更适合于男性去完成。这些岗位对男毕业生的现实需要，也在一定程度上减少了高等院校女毕业生的求职选择，造成了岗位需求的紧张状况。

4. 社会保障体系不完善

虽然国家非常重视女性的就业权益问题，并在宪法、劳动法、妇女权益保障法等法规政策中明确提出了女性享有与男性平等的劳动权利，雇主不能因其性别而设置就业障碍，要保证男女同工同酬等具体要求，但这些政策受到社会保障体系不健全等因素的制约，在实际操作层面仍未很好地被贯彻落实。目前我国女职工生育基金补偿等制度建设还不完善，女员工生育期间的工资待遇基本都是由用人单位承担，这导致在招聘时，许多用人单位考虑到聘用女毕业生可能存在的用工成本和负担，而对女毕业生的招聘设置障碍。

5. 就业歧视问题仍存在

以上问题的存在，使高等院校女毕业生在择业过程中会遭遇一定的就业歧视。智联招聘与北京大学社会调查中心共同发布的《2017 中国女性职场现状调查报告》显示，女毕业生在就业中感知到的就业歧视更为强烈，有80%以上的高等院校女毕业生在求职过程中遇到过性别歧视问题。① 有的用人单位会很明确地表达对应聘者的性别要求，明示“只限男性”或“同等条件下男性优先”等字样，直接将女毕业生拒之门外。也有的单位虽然不会直接表露出相关条款，但也会通过筛选掉女性求职者简历、提高面试门槛等隐性手段拒绝女毕业生，造成其就业过程中的负面情绪和实际困境。

（二）就业挫折对高等院校女学生的影响

就业挫折对高等院校学生，特别是女学生的影响非常巨大，不但会使其纠结于当前的就业困境无法自拔，造成一定的负面情绪和压力，还会影响到其今后的自我规划和提升，甚至改变其价值观。

1. 产生负面情绪和现实困境

在求职过程中遭遇的各种歧视和冷遇会严重打击高等院校女学生的自尊心和自信心，特别是在历经多年苦读后，怀着在未来工作中一显身手、体现价值的美好憧憬，却发现就业的大门根本没有向自己敞开，择业过程中困难重重、毫无希望，其心理上的巨大落差是显而易见的。随着失败次数的增加，原本积极乐观的情绪逐渐变得抑郁、焦躁和不安。心理上的负面情绪和求职的现实困境会严重影响身心健康，使其丧失自信、自暴自弃。个别抗挫折能力较差，心理承受能力有限的女学生，还可能出现伤害自身和他人的非理性行为。

① 谭趁尤、刘静姿：《高等院校女大学生就业中性别隐性歧视探析》，《高教论坛》2019 年第 3 期，第 103 ~106 页。

2. 影响未来规划和自我提升

就业挫折会影响到高等院校女学生的价值观。原本认为只要通过自己的努力就能创造美好的生活，结果还未踏入社会，就在求职过程中受到打击，原本引以为傲的学习成绩和个人能力在性别歧视面前一文不值。这种认知会极大改变高等院校女学生的价值观，可能产生“学得好不如嫁得好”等一些错误想法和认知。在未来的人生规划中，可能不会更多地思考如何进行自我完善和提升，更加现实和功利地看待恋爱和婚姻等问题，不利于高等院校女学生正确价值观的形成，也会影响其后续的自我提升和发展。

高等院校女学生的就业挫折问题给个人和社会带来的影响不容忽视，女学生就业挫折预防也是社会、学校和家庭需要共同思考和解决的问题，要通过思想上的引导、政策上的扶持和岗位数量的有力保障等方式切实化解难题，减少就业问题给高等院校女学生带来的心理健康影响。

第五章

高等院校学生的挫折表现

任何人在人生的道路上都会遇到挫折，在实现目标的过程中，无论是受外在或内在因素的干扰所形成的挫折，都可能使个体情绪和行为发生变化。同样，高等院校学生的生活既是丰富多彩、充满阳光的，也是具有挑战、蕴含险阻的，在学业、情感和就业等许多方面，都存引发压力和困境的因素。经受挫折是高等院校学生心理发展由不成熟到成熟的必经之路，面对挫折时，高等院校学生会形成不同的挫折认知，并通过行为表现出其对挫折的反应，这种反应可能是积极的，也可能是消极的，或者是积极与消极并存的。这既与挫折本身的性质有关，也与高等院校学生如何来把握它有关。

高等院校挫折教育的重要内容之一就是要掌握学生在挫折情境下的行为表现，总结其具有共性的挫折反应特征，这样才能有针对性地提出相应的挫折教育方法和对策，提升高等院校学生的抗挫折能力。

第一节 高等院校学生受挫后的积极表现

大学生在追求目标实现的过程中，行为受挫、遇到障碍和干扰时，有的人能够审时度势，采取积极进取的态度和反应对待挫折，称为理智的反应①。具体表现有以下几个方面。

一、效仿榜样——仿同

当个体受挫后，效仿他人成功的经验，以增强自己夺取成功的信念。也就是说，以自己所尊崇的榜样来鼓励自己，从而奋发进取。高等院校学生确立了理想目标并为之努力奋斗的过程中，常常会遇到不如意的事情，难免遭受挫折，有的学生能够正视挫折存在的必然性，以实事求是的态度冷静地对遭遇到的挫折和困难进行正确归因，找出挫折的症结所在，以有类似经历、最终通过不懈努力成功的人为榜样，获得前进的动力，从而能够改变挫折情境，获得人生追求的最佳成功状态。高等院校教育工作者应当有意识地向大学生推荐一些革命家、思想家、科学家以及一些英雄模范人物，作为他们学习的榜样，让他们从对优秀人物的学习、模仿中修炼自己的品质。

二、更替目标——补偿

一个人遇到挫折，原来的目标无法实现，就以新的目标代替原有的目标，以现在的成功体验去弥补原有的失败痛苦。所谓“失之东隅，收之桑

① 黄学规：《挫折与人生》，浙江大学出版社2004年版，第230页。

榆”，便是补偿作用。心理健康的大学生，在追求实现目标的征途中，遇到障碍或挫折时，能够随时调整自己的目标，寻求新的自我实现途径。例如，有的大学生在就业过程中，几次求职未果也不灰心丧气，而是重新准备，重新定位，另辟蹊径，最终找到适合自己的工作。

三、自我化解——幽默

当一个人处境困难或者陷于尴尬境地时，有时可以使用幽默化险为夷，渡过难关，或通过幽默间接表达自己的意图。幽默常常能使人从负面情绪中很快解脱出来，让人重新获得心理上的平衡，是一种积极、乐观的心态，是一种高尚成熟的心理防御措施。它体现了人生博大的智慧、宽阔的心胸、高雅的风度和愉快的精神。高等院校学生在与老师、家长、朋友交往时，时常会遇到令自己感到尴尬或难堪的事情，此时，大度的学生不是直白地表露自己的感受、大发脾气，而会选择利用幽默将尴尬、矛盾化在莞尔之间，一扫彼此之间的难堪，这样既解决问题，表达自己的愿望，又不至于使对方陷入窘境，还显示出自己超凡的修养和包容心。

四、转移情感——升华

个体在遇到挫折后，转移原有的情感，求得心理平衡，同时以较高的思想境界表现出来，又创造积极的人生价值。大学生将那些生活中的逆境、奋斗中的困苦，当作成长进步的动力，并创造更为高尚、更富有创造性的社会价值，从而减轻因逆境带来的痛苦，这就是升华。升华不仅需要一个人思考创造的能力，更需要有坚强的意志和开阔的胸襟。例如，有的大学生对班里学习成绩优秀的同学存在羡慕兼妒忌心理，不表现出来，而是将其作为促进自己努力学习的动力。又如，有的大学生恋爱受挫，便转向努力学习，积极参加社会实践活动，以此补偿自己情感上的失落。

第二节 高等院校学生受挫后的消极表现

有的高等院校学生在受到挫折后不能及时进行调适和排解，表现为情绪失控、行为异常，对自己、他人和社会造成一定程度的危害，称之为消极的行为表现，主要有以下几种形式①。

一、情绪表现

情绪是人类基于主观感受和认知经验，在感觉、思想和面对内外部环境影响等方面表现出的心理和生理状态。情绪既是主观感受，又是客观生理反应，情绪变化是展现内外部环境对人类影响的重要途径。人类的情绪种类多达数百种，可以简要地划分为积极的情绪和消极的情绪两大类。挫折情境多会使人产生消极情绪，其主要有以下几种表现。

（一）焦虑

焦虑是人在面临自己不能控制的事情或情境时，产生的一种由担心、恐惧、茫然等多种情感交织而成的情绪。这种情绪多是在个体的强烈欲求遭到多次失败后慢慢丧失了自信心以后出现的。

焦虑的产生有两种情况，分别是病理性焦虑和现实性焦虑。病理性焦虑多源自人类个体的精神类疾病，此类人群会对现实中未发生的灾难或威胁进行臆想，表现出神经功能紊乱和行为异常。现实性焦虑则源于身边实

① 张雅凤：《挫折心理及调适》，中国劳动出版社 1998 年版。

际存在的压力和困境，是由于无法控制事件的预期发展而产生的不安和忧恐的状态。焦虑是挫折后最常见的一种心理反应。在实施某种有目的行为的过程中，各种困难和阻碍会直接影响目的实现的效率和效果，使人类个体形成挫折感，当这种感觉强烈到对事件的走向缺乏信心，无力对事件发展形成有效控制时，就会产生相应程度的焦虑情绪。过度的焦虑，严重的会导致心理疾病，甚至发展成焦虑症。

当前引起高等院校学生焦虑的主要原因是人际交往和学习上的挫折。由于人际关系不良所产生的过度焦虑，使得一些高等院校学生不能适应集体生活，内心处于一种渴望理解与自我封闭的矛盾之中。因为在交往方面发生的一些小事而产生挫折感，就对自己的交际能力做出否定性评价；因为学习上的压力过大造成的过度焦虑，更会抑制思维，分散注意力，影响正常的学习活动，而招致更大的挫折。

（二）抑郁

抑郁是一种持续时间较长的消沉低落的情绪体验，表现为对周围事物失去兴趣、无法在生活和工作中获得愉悦感、对自我价值缺少信心和悲伤忧虑的负面情绪等特征。抑郁情绪一旦得不到有效疏导和治疗，长期积累极有可能使人患上抑郁症。

目前，抑郁症已经成为我国第二大疾病负担，给个人、家庭和社会带来巨大影响。抑郁症病人不但会出现情绪低落等主观反应，还会表现出反应迟钝、思维混乱等身体病症，严重的还可能在行为上出现危害自己和他人的举动，约 15% 的抑郁症患者死于自杀。遭受挫折时产生的挫败心理是抑郁产生的重要诱因，一旦不能形成正确的挫折认知，就会在困难面前丧失信心、情绪低落，甚至一蹶不振。

抑郁是高等院校学生中常见的情绪障碍。不少高等院校学生在遇到考试没通过、恋爱失败、人际关系紧张、学习压力大等挫折后，在心理上无法承受而陷入悲观沮丧、情绪低落的抑郁状态中。情绪抑郁的大学生往往会对学习、活动和交往失去兴趣和信心，体验不到生活的乐趣，学习效率降低，同时伴有痛苦、羞愧、自责、悲观忧郁的情绪体验，导致大学生自信心、自尊心下降，认为自己不如他人，怀疑别人看不起自己，于是感到自己的命运不好，前途渺茫，对以后的活动缺乏勇气和信心，严重的甚至对以后的学习和生活感到绝望。持久的严重抑郁情绪还可能导致抑郁性神经症，最终导致自杀。因此，在教育过程中，应该了解学生的性格气质，注意学生的情绪反应，防止学生出现极端行为。

（三）冷漠

冷漠是指个体受到挫折后表现出对挫折情境漠不关心或无动于衷的态度，这是一种比攻击更为复杂的反应。冷漠反应多在以下情况出现：一是长期遭受挫折而不能摆脱；二是处境艰险，无助无望；三是心理上恐惧不安和生理上痛苦难忍；四是进退两难，攻击与退缩之间矛盾冲突激烈①。

冷漠并非不包含愤怒的情绪，只是个体把这种愤怒暂时压制了。这通常比攻击对身心的危害更大。有的学生干部在工作中由于坚持原则、不徇私情，与某些学生的一己私利发生冲突，而受到排挤和非议，屡屡受挫，很可能会导致这部分学生对工作逐渐漠不关心，心理上出现“事不关己，高高挂起”的消极反应。因此我们应该关注这类学生，帮助他们尽快从这种心境中走出来，以免影响他们日后的发展。

---

① 张旭东、车文博：《挫折应对与大学生心理健康》，科学出版社2005年版，第75页。

（四）悲观

悲观表现为个体缺乏正确的世界观和人生信念，常常带着幼稚、消极的心理观察社会，对待人生。高等院校学生都对自己未来的学习和生活充满了美好的愿望，力图塑造完美的自我，但理想的我与现实的我总是不太相符、存在一定的差距。有的高等院校学生不能正视这种现实，一旦遇到挫折和失败，如考试成绩不佳、人际关系不和、情感失败等，便垂头丧气、自我否定，感到前途渺茫，生活的信心不足。以悲观来对待生活中的挫折和失败，等于在原有的失败感中又增添新的失败感，这会导致不良情绪的恶性循环。

（五）恐惧

恐惧是广泛存在于人类和动物中的情绪类型，是生物在面临某种危险情境，或是面对某些可怕事物和想法时产生的情绪体验。恐惧是一种较为强烈的情绪反应，不仅会使人表现出心理上的高度紧张，还会在生理和行动上导致心跳加快、行为失常等反应，有时甚至会危及生命。遭受挫折事件时，人会对所遇到的困难和障碍形成畏难情绪，不敢面对出现的问题而产生恐惧的负面情绪。

（六）烦躁

中医学中，把人表现出的胸中热而不安的情况叫“烦”，手足扰动不宁的举动叫“躁”。烦躁其实体现了一种心神不宁、举止不安的情绪状态。烦躁情绪的产生与外部压力紧密联系，人体对外部环境的感知会直接作用于内心，当外部压力增强，人的内心也会出现压迫感，出现着急、不安的感受。同时，这种焦急和不安的情绪会作用于人的行为，表现出手足不安、来回踱步等举止。在实现目的过程中遇到的不顺和失败会使人感受到明显的外部压力，一旦不能有效找到压力释放的出口，人在挫折面前的无力感就会明显增强，产生烦躁情绪。

（七）困惑

困惑是人在遇到问题时表现出的无所适从、无法应对的一种情绪状态，具体反应为缺少解决问题的信心和方法。困惑情绪的出现会使人的思想停留在一种茫然的状态，进而影响其行动力，降低解决问题的效率。困惑是挫折导致的一种常见情绪表现，挫折的产生可能出乎行为人对事物的发展预期，在心理准备不充分的情况下遭遇挫折情境，个体会茫然于事物的走向和发展趋势，无法及时提出科学合理的应对策略，影响挫折情境和问题的解决。

二、行为表现

遭受挫折后，在不同的情绪状态下，个体会做出不同的行为反应。挫折通常会产生消极的情绪，对应地会支配人做出异于平时的行为。受挫后的行为主要有以下几种表现。

（一）攻击行为

攻击是受挫后的一种应激反应，即受挫者采取使他人受到伤害或痛苦的行为。遭受挫折后，需要寻求到某种途径和出口宣泄情绪，攻击行为成为一些人排解情绪的重要方式。通过对人或物的破坏达到减少内心压抑、痛苦情绪的目的，是挫折情境中经常遇到的行为特征。攻击行为的对象多为周围环境中其他的人或物。有的人在工作和生活中一旦遇到问题，会出现破坏公物和故意滋事的情况，这就是受挫后带来的攻击行为表现。个别情况下，还会出现一些将负面情绪放大，危害公共安全的极端攻击行为，如近年来出现的一些公交车爆炸和纵火案，许多都是由于当事人在工作和生活中受挫，单纯地为了发泄情绪和报复社会导致的。个别高等院校学生受到挫折时，常常引起愤怒的情绪，产生敌视和报复心理，进而诱发攻击行为。特别是在挫折严重的情况下，往往受情绪的支配，理智下降，行为缺乏冷静分析，结果做出一些不顾后果的行为举动。

根据攻击对象的不同，攻击行为一般分为两种：一种是直接攻击，即受挫者将愤怒直接指向挫折源（人或事），表现为对人讥讽、谩骂或拳脚相加或损坏物品等形式。在通常情况下，自我感觉良好、充满自信或缺乏理智、缺乏生活阅历的大学生，容易产生直接攻击行为。另一种是间接攻击。间接攻击又称转向攻击，即受挫的个体不直接攻击使自己遭受挫折的对象，而是把攻击转向自己或其他无关的人和物。转向攻击常发生在那些自信心比较差、情绪较悲观、压抑、控制自我情绪较强的大学生身上。转向攻击行为在大学生中比较普遍。例如，在学业或情感受挫后出现的自残甚至自杀的行为，这种行为表现所带来的后果一般难以消除原有的挫折感，甚至会造成新的更大的挫折，给自身和家庭带来伤害、给社会和他人带来危害。因此，攻击是一种非常消极的挫折行为表现，应加以控制和引导。

（二）固执行为

固执是指个体遭受挫折后，不听取批评或劝导，不去总结经验和教训，一意孤行地坚持自己的做法，重复某种行为，结果往往使个体在挫折中越陷越深，失去改变困境的机会。固执是一种不接受其他观点和意见，坚持按照自己的思维和心愿做事的性格特征。固执行为往往是不自觉的，具有强制性的特点。人在受挫后如果想快速摆脱困境，通常需要根据实际情况做出及时调整。但有的人缺少这种随机应变和顺势而为的能力，仍然沿用先前的态度和方法对待已经形成的挫折情境，表现出一种“撞了南墙也不回头”的固执行为。

有的高等院校学生性格内向、倔强，看问题片面，违反校规校纪受到批评或纪律处分后，并不努力改正错误，反而变本加厉，违纪行为越来越多，性质越来越严重，这就是固执的行为表现。固执通常是因为挫折降低了人们判断事物的能力和学习新问题的能力不足所致。固执与行为习惯不同，当习惯遭到否定或受到惩罚时，会被抑制而改变；固执也不同于意志坚强，意志坚强的个体都有明确的目标和方向，当知道方向不正确时就会主动加以调整，重新进行尝试。而固执行为恰恰相反，越是遭到否定和反对，越是强烈。因此，我们在教育学生时要慎重，特别是对于有这方面性格特质的学生，防止其出现固执行为，否则一切教育都将受到抑制，实际的教育效果也会收效甚微。

（三）退缩行为

个体遇到挫折后，原本投入到事件中的饱满热情会受到严重影响，同时个人自信心会遭到打击，甚至可能出现对怀疑自身能力的情况。热情度和自信心的降低会削弱人的积极性，使其在未来的工作和生活中对类似事物提不起兴趣，或者表现出畏惧，产生受挫后的退缩行为。例如，有的人本来自我感觉良好，认为自身有能力胜任竞聘的岗位，也对竞聘表现出积极性，主动参加竞选以期更好地展现能力服务单位。但在竞选工作中，由于落选产生的挫折可能使其丧失自信，甚至感觉面子受到损伤，这会严重影响其以后参加类似活动的主动性，表现为心理上的逃避和行动上的退缩。

（四）倒退行为

倒退行为又称倒退回归、退化，是指个体遭受挫折后不由自主地表现出与年龄、身份极不相称的幼稚行为。这是一种不成熟的表现。众所周知，随着年龄的增长，一个人的人格是以循序渐进的方式逐步走向成熟的。但是，有时人们在遇到挫折后，会放弃已经达到的比较成熟的适应技巧或方式，而使用原先较幼稚的方式去应付困难，或实现自己的愿望，这就是倒退现象。倒退的另一种表现是受暗示性。受暗示性最经常的表现是个体在受挫折后盲目地相信别人，盲目地执行某个人的指示。高等院校学生中遇到挫折而倒退的现象不多见，但这种行为表现时常会使人啼笑皆非，有损在他人心目中的形象。

（五）逃避行为

有些高等院校学生在遭受挫折后，不敢面对现实，而是采取逃离现实情境的办法来寻求解脱，“一朝被蛇咬，十年怕井绳”，是这种表现的突出特点。受挫的高等院校学生采取逃避的方法，不去主动自我调适、积极面对现实，是极为危险的。这样不但问题没有解决，长期下去还会形成不良适应，使人害怕困难和挫折，而导致不求进取，甚至产生心理疾病。例如，长期在逃避心理的暗示下，有少数学生因害怕考试竟在考试前一天高烧不退，没有任何病因，但也不是装病，产生这种情况，本人往往是无意识的，是个体借助某种生理机能的障碍来逃避困难的结果。

（六）自杀行为

自杀是个体受到挫折后所表现的最为极端的消极行为反应。当个体遭遇挫折后，因为承受能力较弱，感到万念俱灰，对发展产生恐惧，对生活失去信心，对现实感到绝望而采取的自认为是唯一的、最后的“保护”自己的手段①。

心理学研究表明，自杀的高等院校学生多为那些性格内向、孤僻、不愿意与人交往、情绪不稳定、自卑、依赖性强、以自我为中心的人。一方面无法适应当前激烈的竞争环境，一旦面临就业、学习、恋爱、经济、人际关系等方面的挫折或意外就显得不堪重负；另一方面当代高等院校学生多在父母的娇惯呵护下成长，缺乏责任感，稍有不顺就会郁郁寡欢，或者怨天尤人。在挫折的打击下，有些大学生以极端的方式结束了自己的生命，这种行为实际上是一种自私的不计后果的表现。高等院校学生是十分宝贵的人才资源，是民族的希望，是祖国的未来，虽然学生自杀事件是极个别现象，但这种现象给社会和家庭造成了极大的危害。因此，预防学生的自杀行为应受到各高等院校，特别是学生思想政治教育和管理部门、学校心理咨询机构的关注和重视。

三、身体机能表现

医学研究发现有200种以上的疾病是和情绪相关的，人们常说的“气大伤身”就体现了情绪对身体健康的影响。曾经有人研究过人在不同情绪下呼出气体的差异，发现测试溶液在心平气和状态下形成的呼气通过时可以保持澄清，在抑郁和焦躁状态下形成的呼气通过时会变得浑浊或呈现紫色，这表明情绪状态会影响到人体的内部环境。

日常生活中，人们也能直观感受到情绪对身体机能的影响。例如，人在焦虑、恐惧时会感到心跳加快、血压升高，在抑郁时会感到呼吸困难、

---

① 李潜、王集杰、黄卫平：《大学生自杀行为的心理分析及早期干预》，《思想教育研究》2007年第7期，第48～49页。

思维迟缓，在愤怒、焦躁时会感到胃肠胀气、食欲减退等，这些影响如果过于剧烈或长久持续，就会直接作用于人体内部脏器，造成身体机能的损害。如前所述，挫折感产生的多为消极负面的情绪，长期被挫折情绪控制，对身体健康极为不利。特别是在一些极端情绪下做出的自残甚至自杀行为，就更直接地造成了对身体健康的损害。挫折问题对身体的影响绝对不容忽视。

第三节　高等院校学生受挫后的妥协行为

人们受到挫折后，如果长期保持情绪紧张和应激状态，就会引起各种心理疾病。因此，需要采取妥协退让的措施以缓解心理矛盾，减轻应激状态。有些高等院校学生受到挫折后对挫折情境采取了既没有明显积极意义，也没有明显消极意义的行为反应，给人以自我麻醉、自欺欺人的感觉。妥协行为主要有以下几种表现形式。

一、幻想

幻想作用是指一个人遇到现实困难或挫折时，因无法自己解决问题或不愿自己去解决问题，而利用幻想的方法，使自己从现实中脱离出来或存在于幻想的境界中，通过想象如何处理困难来得到满足和解脱。面对生活中的挫折，偶尔做一下白日梦，是正常的和自然的，对于维护身心健康是有益的，但是幻想始终是幻想，只能暂时放松缓解一下心情，不能解决现实问题。有些大学生由于在现实中体验不到自身的价值而深感自卑，在受到歧视和欺负时，不是采取有效的手段和奋发努力来改善自身状况，而是一个人躲在“梦”里，扮演英雄或胜利者——失败者在梦中成为成功者、懦弱者在梦中成为勇士。这是逃避现实、自我麻醉、自我欺骗的行为，有碍高等院校学生身心的积极健康成长。

二、文饰

文饰又称合理化作用，是人们常用的一种心理防御机制，是指人们不承认自己行为的真正动机、需要和欲望，而用有利于自己的理由来辩护，以免除内心的不安，从而为自己的行为进行解脱。例如，高等院校学生考试成绩差，归咎于老师教得不好或评分不公平，以免除因自身努力不够而产生的心理压力；有的男生苦苦追求女生而不得，虽然内心很失望痛苦，但却对别人说对方无才无貌，不是自己理想的对象等。这是高等院校学生遭受挫折，或无法达到目标或内心需要，其欲望不符合社会价值标准时，为了减轻挫折感而寻找种种理由自圆其说，有些类似“阿 Q 精神”。这种自我安慰的行为反应，对于暂时缓解受挫者的内心冲突，维持暂时的心理平衡，有一定的积极作用，但过度使用则会妨碍人们去追求真正需要的东西。

三、投射

投射就是把自己不能接受的愿望、感觉或想法转嫁到他人身上，以减轻自己的内疚、推卸自己的责任。比如，大学生中有的人自己心胸狭窄、嫉妒心强，却认为嫉妒是人的共性，人人都怀有嫉妒，把别人真诚的赞美视为挖苦；自己自私，却说人人都自私；等等。投射是一种人们常用的心理防御术，能暂时在心理上推卸责任，减轻心理压力，求得一时的心理平衡，对缓解内心的压力有一定的积极作用。但若经常将自己的过错归咎于他人，就不仅不能看到真实的自我，而且容易形成对他人的敌对情绪，从而妨碍与他人之间的良好人际关系的维系。

四、反向

反向是指将自己内心难以接受的观念或情感以相反的态度或行为表现出来的行为。它是一种“矫枉过正”的行为表现。例如，有些高等院校学生内心极度自卑，却总以骄傲自大、傲慢不羁的表现来掩盖自己的弱点；有的同学很想与异性交往，却怕遭拒绝，而装出一副不屑一顾、根本没兴趣的样子。反向行为虽然在一定程度上能够掩饰个体的真实动机，减轻由于内心冲突而产生的痛苦，保护其自尊心，但长期以往，会从根本上扭曲个体的自我意识，使动机与行为脱节，产生心理问题。

综上所述，高等院校学生受挫后的各种反应实际上是其为避免再次遭受挫折而采取的一种自我防御。这些自我防御既有积极的一面，也有消极、妥协的一面。积极的防御有利于战胜挫折、化解困境，而妥协和消极的行为反应虽能够暂时地平衡心理，却不能从根本上解决问题，甚至会埋下更大的隐患。

第六章

高等院校挫折教育对策

挫折的必然性和两重性，是开展挫折教育的前提和基础。作为一种客观存在，挫折教育对磨炼大学生的意志、增强适应能力、提高心理素质都有着无法替代的价值。挫折是具有双重性的，既能使当事者受到激发和鼓舞，对其未来的行为产生积极影响，也可能对其心理造成创伤，导致负面消极的行为表现。正是在此意义上，挫折教育就是根据受教育者心理发展的规律和年龄特征，以增强受教育者的适应能力和坚强意志为指导，运用合理的教育方法帮助受教育者正确对待挫折，并且通过有意识地设置困难或障碍以提高他们的抗挫折能力和战胜挫折的能力，使挫折更多地展现出对个体的激励作用，弱化挫折带来的负面影响。

第一节 高等院校学生的自主挫折教育

在当前科学技术迅猛发展，国内改革步入纵深，知识经济初见端倪的形势下，机遇与挑战并存，人们需要在现实生活环境中主动调整自己的心态，保持积极灵活、乐观向上的生活态度。对高等院校学生进行挫折教育，就是要从提高抗挫折能力入手，帮助学生充分认识人生挫折的客观性，学会对挫折的正确归因，既不怨天尤人、逃避自己的责任，也不过分自责、悲戚不已。只有这样，高等院校学生才能应对各种错综复杂的生活环境和遇到的各种难题，为今后走上社会打下良好的基础。

一、自主教育的定义

自主教育是一种充分发挥生命个体主体性和发展性的教育理念，是促进个人自主生活、自主管理、自主学习、自主规划、自主创新、自主发展，追求自强自立的教育体系。自主教育理念认为人的主体性体现在主导、主见和主动三个方面，强调在个体发展过程中人的主体性作用。发展性则是个体通过对自身科学的认知与评估，约束自身行为和向上拼搏实现自身发展的意义，也可以将其归纳为自知、自律和自强。

自主教育的理念认为，从人的发展性上讲，每个人都是自己人生的主体，在教育工作之中，学生也同样可以成为教育的主体，在教师的帮助和引导下，学生可以自主学习、自主成长和自主发展。自主教育的根本目的是建立个体的独立人格，培养有自主品质的全面发展并能承担社会责任的人。

自主教育在对个体生命成长规律认知的基础上，强调人的责任担当意识，注重培养个体的自主学习和创新能力。自主教育关注每个人生命成长中的责任心和使命感的养成，要求个体建立起对个人、家庭和社会的责任担当，在自我教育和完善的过程中，发挥主体能力，实现人生价值。自主教育要求个体形成内在的主体思维，主导自身的发展方向，要有独立的思考和主体的见解，时刻规划和实践自我发展路径和方向。同时要将主见落实到具体的行动之中，通过主动的行为实现发展目标。发展目标的实现离不开个体的自知、自律和自强，只有对自身能力特点和时代环境氛围有准确的认知，个体才能合理定位自我发展目标，在对自身严格的要求和管理下，以昂扬进取、自强不息的品质实现提升。

二、自主教育的产生和发展

自主教育的理念由来已久，古今中外都有对此种教育方式的论述和实践。亚里士多德结合古希腊的教育实践，最早提出了“自由教育”的概念，这是指一种通过自由技艺的学习而免除无知愚昧，获得各种能力全面完美的发展，以及身心和谐自由状态的教育。

我国的教育工作中也早就体现出了自主教育的思想。孔子在《论语·述而》中“不愤不启，不悱不发”的论述就是指“在教导学生时，应该等到他经过努力思考但仍无法理解时再去开导，在他心中明白但不能用恰当的言语表达时再去启发”，体现了因材施教、启发诱导和自主学习相结合的教育模式。近代蔡元培、陶行知等教育家也都提出了在教学工作中，应更多地激发学生独立探索和自学的热情，不能像灌水一样将知识简单输入到学生的思想和头脑中。在现代高等教育中，自主教育的理论与实践越来越受到重视。自主教育不但有效推动了高等院校学生的专业知识学习，在促进学生全面发展的过程中，对其心理健康也产生了积极影响，成为增强高等院校学生抗挫折能力的有效途径。

三、挫折教育中的自主教育

高等院校学生是自己心理素质发展的主体，各种心理教育、心理训练必须作用于学生个体，落实到每个学生身上，其教育才具有针对性、有效性。充分认识学生主体地位，调动学生的积极性、主动性，培养其自我教育、自我提高的能力是实施心理健康教育的基础①。

（一）教育高等院校学生树立正确的人生观

高等院校学生的愿望、需要、理想、信念组成了行为的意向动机。只要这种愿望和需要与社会现实的要求相符合，理想和信念与时代发展的趋势相一致，那么，即使遭受挫折、打击，个体也能始终保持积极乐观的人生态度。远大的理想、崇高的抱负，必须有正确的人生观、价值观的指引。人生观决定人生的方向和道路，决定人生的意义和价值。正确的人生观是培养高等院校学生优秀心理素质的思想基础。学生只有树立正确的人生观，学习和掌握社会主义核心价值体系，才会科学地分析问题并冷静、妥善地处理个人与他人、个人与社会的关系；才会把个人的前途和祖国的命运联系起来，坚定信念，热爱生活，使自己的心理素质达到较高的标准。

教育高等院校学生确立自己的奋斗目标时，应注意将社会利益、主观条件及客观环境等因素联系起来，加以综合考虑。在实施过程中，如果发

---

① 王宇丹：《关于提高大学生抗挫折能力途径的几点思考》，《辽宁广播电视大学学报》2010 年第 3 期，第 10 ~ 12 页。

现目标不切实际，前进受阻，就要及时调整目标，并改进行动的方式方法。对远大目标，应该把它分解成中期目标、近期目标和当前目标，这样可以减少挫折感，在阶段性的成功体验中不断提高自信心，最终取得成功。高等院校学生只有树立正确的挫折观、世界观、人生观和价值观，树立正确的人生理想和远大的目标，保持积极的生活态度和乐观向上的精神面貌，才能在学习、交往、社会工作等日常生活中用发展的眼光辩证地认识和看待当前的挫折，用良好的心境对待挫折，从而以健康的心态战胜挫折。

（二）引导高等院校学生形成完善的挫折认知

高等院校学生遭遇的挫折来自很多方面，但作为一种情绪反应，挫折与高等院校学生自身的认知有密切关系。因此，对学生进行挫折教育，不但需要设置挫折情境来增强其抗挫折能力，更重要的在于引导帮助他们提高认知水平。不同的人面对同一挫折的反应是不同的，挫折就像一块石头，对有些人来说它是垫脚石，而对有些人来说却是绊脚石。因此，学生自身要正确认识和应对挫折。

心理学研究表明，挫折的后果严重与否，在很大程度上取决于人们对挫折的认识与面对。高等院校学生接受了高等教育，思维能力明显提高，但由于缺乏社会阅历，遇到挫折时往往不能够正确地应对。遭遇挫折，他们首先想到的是“我怎么这么倒霉，怎么受挫的总是我”，而不去思考怎样去应对挫折、解决问题。过多地关注挫折本身，导致许多学生用某一挫折来否定自身，或者片面地夸大或预测挫折所带来的后果，给受挫者带来本不应该出现的后果。

因此，教育者在大学生受到挫折后，要引导他们首先进行冷静分析，从客观、主观、目标、环境等方面寻找原因，进行正确归因，并采取有效补救措施，战胜挫折。其次，也要明确遇到挫折并不一定就是坏事。挫折是一把双刃剑，它既给人带来痛苦，使人丧失某些机会，某些需要得不到满足，同时它也能磨炼人的意志，使人学到一些在顺境中学不到的东西，增强在逆境中生存的能力。所以，在遇到挫折的时候，一方面我们要找到原因，着手解决，另一方面我们也应该感谢挫折，因为它教给了我们知识和经验，即所谓的“吃一堑长一智”。①

（三）培养高等院校学生合理的自我意识

认识自我，包括认识自己的身体、相貌等生理方面的特点（生理自我），也包括认识自己的气质、性格、能力、兴趣、爱好、意志、品质等心理方面的特质（心理自我），还包括认识自己在学生群体心目中的位置，了解自己在周围人际交往环境中的形象，了解自己的职业理想（社会自我）等。凡事追求完美、力求尽善尽美是高等院校学生常见的心理特点，而现实生活中完美的事情是很难做到的。要使个人和现实保持协调的关系，必须调整好自我观念，能接纳自我和不断完善自我。

首先，能接纳自我，悦纳自己。高等院校学生要学会宽容地接纳自我，放弃完美主义，正视和接受自己的缺陷和弱点，学会原谅自己的失败，不过分地苛求自己。对于自身的缺陷和弱点，不掩饰，不夸大，不逃避。悦纳自己就是要在接受自我的基础上喜欢自我，要相信天生我材必有用，觉得自己有独一无二的价值，只要正直做人，尽心尽力，就可以自豪为人，充满愉快感和满足感。

---

① 孟令勇：《帮助大学生克服挫折心理的教育措施》，《中国成人教育》2009 年第 13 期，第 53 ~ 54 页。

其次，要正确对待得与失，不能患得患失。高等院校学生不能因为“害怕失去”而忧心忡忡、过度紧张，要学会辩证地看待事物；不能只看事物美好、成功的一面，做事之前，要对其最坏的结果做好充分考虑和心理准备。对于失败，要树立“尽力就是完美”的信念，不苛求、不强求，学会宽容地接纳自己才会有更大的进步。即使真的面对失败，也不能一味苦思冥想、钻牛角尖，而要积极地转变思路、正视失败，寻求有效措施，只有解决实际问题才能真正减轻压力。

（四）锤炼高等院校学生良好的意志品质

良好的意志品质是高等院校学生渴求的，但它不是天生的，而是通过培养逐渐成长起来的。只有经过努力学习，树立远大的生活目标，利用日常生活中的各种事情刻苦锻炼自己，才能成为具有坚强意志品质的人①。

第一，树立崇高的理想是锤炼意志的关键。要培养坚强的意志品质，必须有能够促使意志行动坚持到底的强烈愿望，使远近目标结合起来。胸怀大志的人，才会有不达目的誓不罢休的精神，才会有坚强的意志。

第二，脚踏实地，从点滴做起。惊天动地的大事业能锻炼人的意志，同样，日常的工作、学习、劳动乃至病痛、失败，这一点一滴的小事都能锻炼人的意志。日常生活、平凡小事正是人们锤炼意志品质的基本途径。

第三，在克服实际困难中表现、锤炼和培养意志。越是困难的、自己不感兴趣的事情，越需付出意志的努力，这样才能培养起坚强的意志力。因此，在劳动中要吃苦耐劳，在学习中要知难而进，在科研中要敢于攀登，在社会活动中要勇于闯关，在实践中真正培养坚强的意志品质。

第四，创设特殊的情境磨炼意志，培养自我锻炼的能力和习惯。高等

① 胡凯：《大学生心理健康新论》，中南大学出版社2003年版，第225～226页。

院校学生的自我意识逐步形成，能够认识自我、评价自我，这就为自身的自我锻炼提供了有利条件。只有加强自我锻炼，周围的良好影响、榜样的教育才能真正起作用。

第五，善于自觉主动地控制自己。控制自己是锤炼意志的关键所在。控制自己表现在两个方面：一是善于促使自己坚决执行决定，克服妨碍执行决定的恐惧、羞怯、犹豫、懒惰；二是善于在实际行动中抑制冲动行为。大学生不断提高自己的自制力，对于培养自己良好的意志特别重要。

（五）提高高等院校学生自觉调节情绪的技能

人在社会生活中，对周围的人和事既有内心体验，又有主观态度。这种情绪、情感几乎伴随着人们的一切活动，不仅影响人对客观事物的认识，而且对一个人的意志、行为起着积极的调节作用。美国哈佛大学教授、行为与脑科学专家丹尼尔·戈尔曼博士的《情感智商》一书，向人们证实："在当今时代，情感智商的重要性绝不逊于智商，它是理性与感性的平衡器。徒有智能而心灵贫乏，则无法适应这个纷繁多变的社会。"

情绪对于调控心态、抵御挫折有着巨大的作用。情绪可分为积极情绪和不良情绪。要保持积极健康的情绪，必须学会疏导不良情绪。高等院校学生自我缓解心理压力，保持良好的情绪，首先要学会调节控制情绪。无论大喜或是大悲，都要以一颗平常心对待；尤其在挫折和困难面前，要学会控制自我情绪，学会自我宽慰，保持清醒的头脑思考和分析问题，积极寻找解决问题的途径和方法。其次，要学会适当宣泄情绪。寻找能适当宣泄、排解不良情绪的健康方式，如运动、旅游、倾诉或"精神胜利法"的自我疏导等方式，既不压抑自己，也不放纵自己，达到舒缓情绪、排解心理压力的目的。

第二节　高等院校学生挫折教育协同机制

一、协同教育的概念和意义

协同是指通过对多个不同个体或资源的协调和配合，使其共同实现某一目标或完成某项任务的过程。德国科学家赫尔曼·哈肯于1976年提出协同学的理论。他在开展科学研究工作时发现，将两种或两种以上的组分相加或调配在一起时，其所产生的作用会大于各种组分单独应用时的作用总和。据此，他认为自然界和人类社会的各种事物普遍存在有序、无序的现象，无序就是混沌，有序就是协同，通过协同，人类得以生存、生产得到发展、社会不断前进。在一个系统内，若各种要素不能很好地协同，甚至互相拆台，系统就会呈现无序状态，每个要素的贡献可能被削弱，导致系统整体性功能失效而最终瓦解。相反，若系统中各要素能很好地配合、辅助，将多个要素力量协同成为一股合力，系统将表现出超越原要素各自能力总和的新效果，即人们常说的“1+1>2”的效应。

协同教育是协同学理论在教育工作中的具体应用。协同教育最早用来描述人类社会三大教育系统相互协作配合的理念。家庭教育、学校教育和社会教育是教育实践的三个组成部分，在教育实施过程中，三者既是相对独立的，也会相互联系和发生作用，当某一教育系统的要素或信息进入另一教育系统，与该系统要素相互联系与作用，就会产生协同效应，影响该教育系统的功能。随着教育研究的深入，协同教育的内涵逐渐拓展，不单指三大教育系统的协同，一些具体的教育实践方法和手段的共同作用也被广泛探讨。

二、高等院校挫折教育协同策略

（一）树立学校、家庭、社会协同教育理念

高等院校学生的心理健康教育工作是国家一直以来极为重视的问题。近几年，国家更是对此问题提出了较为具体的意见和要求。

2020年4月，教育部等八部门联合印发了《关于加快构建高校思想政治工作体系的意见》，明确要求把心理健康教育课程纳入高等院校的整体教学计划之中。2020年12月，教育部对《关于加强高校学生挫折教育的提案》做出答复，提出加强包括挫折教育在内的大学生心理健康教育是新形势下加强和改进大学生思想政治教育工作的重要内容，是促进大学生全面发展的重要途径和手段。在强调高等院校心理健康教育和挫折教育工作重要性的同时，国家进一步明确了要通过学校、家庭和社会的协同力量做好此项工作的理念。教育部在对《关于加强高校学生挫折教育的提案》的答复中指出，挫折教育是一项系统的育人工程，需要学校、家庭、社会共同推进。强化家校协同。特别是在党的二十大报告提出要“健全学校家庭社会育人机制”之后，教育部等十三部门联合印发了《关于健全学校家庭社会协同育人机制的意见》，明确提出到2035年，形成定位清晰、机制健全、联动紧密、科学高效的学校家庭社会协同育人机制的工作目标。

党和国家对新时代的人才培养工作指明了方向，高等院校的心理健康教育工作也要积极加以贯彻和实践，树立起学校、家庭和社会协同开展高等院校学生挫折教育的工作理念。

（二）明确三方协同育人地位和互补性作用

高等院校学生的挫折教育工作中，学校、家庭和社会既在各自的作用

机制下分别完成对学生的教育和引导，又相互配合协作，共同构成了三方互补的挫折教育体系，三者各有特点，作用缺一不可。

学校是学生求学期间的主要活动场所，特别是对于高等院校学生而言，学校更是其完成学习、生活和社交的最重要空间，因此，学校对高等院校学生的影响是最大的，在挫折教育过程中，学校占据着主导地位。大学期间是学生心理发展的最重要时期，也是挫折情境和体验较为广泛的阶段，学生的心理变化和行为反应大多与校园中的学业、人际交往等因素密切联系，因此，学校最能把握住此阶段学生挫折产生的原因、挫折心理的特点和挫折心理的发展变化规律。同时，学校内的教师与学生联系极为紧密，相对于学生的家人，此阶段学校内的教师是最能发现和捕捉到学生的日常表现异动的人，可以更为及时地帮助学生化解实际困境，引导和改善其心理健康状态。此外，高等院校内有极为丰富的教育手段和资源，辅导员、思政教师和专任教师可以凭借自身专业的教育能力，运用科学的方法行之有效地开展心理健康教育；校园内丰富的活动载体，更是为心理健康教育的灵活开展提供了条件，不断对学生的健康心理养成产生积极影响。

在高等院校学生的挫折教育工作中，家庭起到了重要的支持作用。在人的成长过程中，家庭是对其付出关注最多也是对其影响最大的。家教家风直接决定了一个人的价值观和基本素质，也造就了一个人的性格特征和意志品质，个体心理健康水平和抗挫折能力的高低，很大程度上受到家庭的影响。虽然进入高等院校后，学生与家庭的联系相对减少，学校逐渐成为学生挫折教育的主导力量，但家庭的支持作用仍不可忽视。作为学生最信赖和依靠的家人，仍是学生遇到各种困难时的最重要支柱和力量，也仍是关键问题上对学生影响力最强的外界因素，能够对学校教育起到相应的支持作用。

除了学校和家庭，社会也在高等院校学生的挫折教育中起到重要辅助作用。大学期间，学生与社会的接触越来越密切，网络化的环境又给学生接触社会提供了新的途径和渠道，高等院校学生在虚拟和现实社会中投入的时间和精力更多，思想意识也更容易受到社会环境的影响。遇到困惑和问题时，很多高等院校学生会选择在网络上寻找答案、获取慰藉，也渴望在社会活动中实现价值、得到认可，如果能够充分发挥社会的积极作用，必将有效辅助学校和家庭对高等院校学生的挫折教育工作。

开展高等院校学生的挫折教育工作，必须认识到学校、家庭和社会三方所处的地位和各自作用，不应忽视其中任何一个要素。但在目前的教育实践中，三方的协作互补作用还未有效发挥，最为重要的一个问题就是过分强调学校的教育责任，而忽视了家庭的支持和社会的辅助。

开始高等院校生活之后，学生的思想更加独立，很多家长认为孩子的认知水平和知识储备已经超过自身能力，虽然仍然牵挂子女，但已经无法在思想意识上更多地对其进行引导，再加上空间距离的因素，家长的教育作用会逐渐弱化。当子女遇有思想和实际困境时，家长可能并不知晓，对其进行有效的支持和帮助更无从谈起。社会本应成为高等院校学生挫折教育的重要辅助，但目前社会机构、组织和单位开展学生心理健康辅导的渠道还不多，对于学生在社会实践中增强抗挫折能力的方法和途径挖掘仍不够，对高等院校学生心理健康影响较大的网络社交环境还存在许多不规范的地方，社会对于高等院校学生心理健康的辅助作用没有充分发挥。因此，挫折教育中的三方协同育人机制需要进一步探索和完善。

（三）延伸高等院校心理健康协同教育内涵

高等教育中的协同育人的基本含义是指学校、家庭和社会三个教育系统在人才培养中的相互协作和配合，但随着教育理念的深入，目前的协同教育内涵进一步丰富。对于高等院校学生挫折教育工作，协同已经不单纯是指学校、家庭和社会三个层面的互补，还包含了教育实施过程中一些具体方法和手段的共同运用和互相支撑，体现了协同教育新的含义。

目前，一些相关学科领域与挫折教育的融合问题已经得到关注，例如，将德育教育与心理健康教育进行关联实践。心理健康教育和德育教育看似关注不同领域，但二者之间其实存在着很大的关联性。德育教育对学生树立正确的人生观和价值观是非常重要的，是培养学生正确思想认知和高尚性格情操的重要手段。而学生的道德情操又影响着其心理健康水平，当学生具有崇高的理想信念，并正确认识事物发展的客观规律时，就能更科学地看待挫折事件的出现，并在坚强信念的引导下克服各种困难，增强心理健康水平。

在挫折教育方法上，高等院校也已经开始建立常态化的教育机制，探索如何将挫折教育的内容贯穿于整个教学活动中。课程思政与挫折教育的协同就是一种有效的常态化手段。通过挖掘各种专业课程中的思政要素，在专业知识传授的同时，有机加入思政教育的内容，潜移默化地对学生的思想观念和意志品质进行引导和塑造，使学生始终处于积极健康人生态度的指引下，更好地看待困难和应对挫折。协同育人的理念和内容在实践中不断地丰富和发展，这些新内涵也赋予高等院校挫折教育更多的动力，使挫折教育的手段越来越丰富，挫折教育的实际效果更加明显。

（四）创新高等院校挫折教育协同育人教育载体

协同育人目标需要依托相应的载体去实现，以往高等院校的挫折教育在协同工作中表现出的一些问题，很大程度上都是因为缺少有效的协同育人载体。没有载体支持，学校、家庭和社会就会处于一种单打独斗的状态，缺少共同发挥作用的公共平台，导致挫折教育过程中各个系统都在唱独角戏。

高等院校的挫折教育协同育人需要创新合作载体，增强各方之间的联系。例如，可以创新家访的形式和内容，将以往的学生管理教师利用假期深入学生家庭交流情况的方式，改变为邀请学生家长来到校园与学校互动的形式。这样既满足了以往家访所需了解学生家庭情况和学生表现沟通的工作需要，又能密切学生与家长之间的联系；既增进了彼此之间的感情，给学生营造了更为良好的心理氛围，又可以使家长切身感受到学生所处的具体环境，更好地体会其可能在学习和生活中遇到的困难，设身处地地思考学生所面临的各种问题，有力地为其提供各方面的支撑，化解学生的实际困难和心理问题。

学校还应思考如何将课堂上的挫折教育工作向社会延伸，搭建社会与学校的互动平台。可以将挫折教育的课堂转移到社会实践过程中，通过带领学生参与社会实践、创新创业和各种形式的社会公益活动，让学生更多地认识和了解社会，感受社会活动中的挫折情境，并在其中得到不断磨砺和提升。结合学生网络社交形式增多的实际情况，建立学生网上心理交流平台，从学生的留言、评论中及时发现高等院校学生心理发展动态，建立信息研判和预警机制，在网络平台上对高等院校学生的心理问题答疑解惑。通过对各种挫折教育载体的创新，更好地为学校、家庭和社会提供交流和协作平台，这也是增强高等院校学生抗挫折能力的重要途径。

三、高等院校挫折教育协同策略的实施

高等院校学生的成长受到来自学校、家庭和社会各方面因素的影响，在对其开展挫折教育时，不能片面强调学校的作用，应科学地统筹、兼顾和整合各方面形成教育合力，实现协同推进。

学校是高等院校学生最主要的生活空间，对其各方面的影响最大，在协同教育机制中发挥着重要作用，应该做到以下六点：

一是要营造和谐友爱的群体氛围。社会心理学认为，受挫者的不良情绪总是在一定的情境中发生的。有些高等院校学生遭受挫折后，到底表现为战胜挫折积极进取还是畏缩不前消极退却，同所在群体的人际关系以及环境氛围关系极大。如果群体中充满互相关心、爱护、体贴和帮助的气氛，受挫者就会从其中获得战胜挫折的力量；如果群体中成员相互疏远、感情冷漠，则会降低受挫者战胜挫折的勇气。因此，高校思想政治教育工作者应该为受挫者创设一个良好的群体氛围，使他们感受到集体的温暖①。

二是要创设良好的校园教育环境。校园文化是高等院校精神文明建设的重要组成部分，是影响高等院校学生心理发展的重要方面。积极向上、友好互助、文明健康的校园文化氛围能够使人心情舒畅，促进高等院校学生建立和谐的人际关系、加强集体荣誉感；反之，则会让人感到孤独、压抑、情绪紧张，心理上易受到伤害和感受到压力。健康向上的校园文化是培养、提高高等院校学生心理素质的有效载体。通过开展结合专业特点的

---

① 宋东颖：《大学生挫折教育的基本途径》，《黑龙江教育》（高教研究与评估）2007 年第 12 期，第 28 ~ 30 页。

丰富多彩、寓教于乐的校园文化活动，培养高等院校学生对社会环境的适应能力，既有利于开发智力、提高文化素质、陶冶情操，也有利于丰富大学生的精神生活，缓解初到陌生环境的紧张情绪，提高思想觉悟和人际交往技能，促进其身心全面和谐的发展。在挫折教育中，要努力创建一个团结、和谐、融洽的校园文化环境。当学生个体遭遇挫折时，团队应该给予充分的关爱，送上集体的温暖，增强学生走出困境的信心。

三是要加强对高等院校学生的就业指导，减少就业挫折。高等院校应从实际出发、多方面入手，加强对学生的就业指导，缓解学生的就业压力。首先，学校应该通过开设就业指导课或举办就业指导讲座等形式对学生集中进行职业规划和就业准备等方面的教育，帮助学生客观地进行自我评估，理性地进行求职规划，引导高等院校学生找到适合个人发展的途径。其次，学校应对就业心理压力过重的学生加强疏导，使他们客观理智地对待就业，合理地设定求职目标，平静地对待每一次求职机会，不急躁、不放弃，勇于推销自己。同时，在就业过程中正视挫折，不盲目悲观，增强心理承受能力①。

四是要努力做好高等院校贫困学生助学工作。缓解高等院校贫困学生生活上的压力以及由经济困难而产生的心理压力，提高他们的心理健康水平，是高等院校教育工作者必须高度重视的一项工作。首先，学校和教师要引导贫困学生正确对待眼前的“贫困”，明确“经济贫困”并不等于“精神贫困”，引导贫困学生树立正确的价值观。其次，学校要尽力采取措施缓解贫困学生的经济压力。要真正确切地了解贫困学生的经济状况，保

① 陶书中：《大学生就业指导工作的困惑与对策》，《中国成人教育》2007 年第 9 期，第 31～32 页。

证国家及学校的各类助学政策能够切实落实到真正需要帮助的贫困学生身上；要尽可能多地提供勤工俭学的岗位和机会，这样既可以在一定程度上缓解贫困学生的经济压力，同时也可以培养他们自立、自强的品质，树立劳动意识，避免形成“躺在贫困上等救济”的思想①。

五是要激励学生积极参加社会实践活动。实践活动是人的各种能力形成和发展的必由之路，是提高心理素质的有效途径。乐观的人生态度、抗御挫折的能力也是从远大的理想与不断地迎接挑战、战胜挫折的实践结合中获得的。社会阅历丰富、社会实践多的人往往比社会阅历缺乏、社会实践少的人的抗挫折能力强，更能够正确认识挫折，有力地战胜挫折，在挫折中前进。高等院校学生社会经历简单，缺乏在社会实践中的锻炼，缺少对挫折的体验，遇到困难和挫折时常常不知所措。因此，培养高等院校学生的抗挫折能力，其中重要的一步就是引导学生自觉参加社会实践。教育工作者要积极引导学生深入开展社会实践，积极参加青年志愿者活动、暑期“三下乡”活动等，使他们在实践中积累经验、准确定位，在实践中增加对社会的了解，切身体验克服困难、应对挫折后的成就感，从而提高挫折意识和应对挫折的能力。此外也可以组织高等院校学生参加一些体力劳动，在“劳其筋骨”的尝试中，进行意志磨炼。有目的地在校园内安排一些公益劳动；根据学校的条件，尽可能多地组织一些如体育比赛、知识比赛、技能比赛等竞争性强、参与性广的校园文化活动，让高等院校学生在活动中体验到乐与苦、喜与怒、胜与负的酸甜苦辣，增强分析问题和解决问题的能力，引导他们正确对待挫折，提高自己的情绪调适能力及心理承

---

① 刘凤华：《高等院校贫困生问题的心理学思考》，《中国成人教育》2007 年第 14 期，第 53 ~ 54 页。

受能力。

六是要加强高等院校学生心理健康教育。在现实生活中，高等院校学生的许多心理挫折都来源于对挫折的错误认识和态度。不少学生在遭遇挫折后，对挫折的客观性、普遍性和必然性缺乏充分的认识，长时间被挫折的阴云所笼罩而不能自拔，轻则意志消沉、手足无措和精神萎靡，重则发生心理障碍和心理病变，甚至走上自杀的歧途。高等院校要通过建立心理咨询和心理辅导机构，加强对学生心理健康的教育。“心病还需心药医”，心理咨询是心理障碍预防和治疗的一种措施，是心理教育的重要组成方面①。实践证明，心理咨询、心理辅导对高等院校学生心理的健康发展具有非常重要的作用：通过报纸杂志、广播、宣传栏、现场心理咨询、校园网、热线电话等形式，加强学生心理健康教育，帮助学生打开心灵的窗户、宣泄不良情绪、提高心理调节能力和抗挫折能力；开设心理健康教育课，面向全体高等院校学生，根据学生身心发展特点，有计划、有组织地开展以培养学生良好心理素质、促进学生身心全面发展为目的，以心理知识传授、心理品质培养为内容的教育，帮助高等院校学生树立正确的心理健康意识，介绍增进心理健康的途径，解析心理异常现象，传授心理调适的方法；开展各种形式的挫折磨砺和“五自”（即“自学、自理、自律、自强、自修”）教育活动，使学生系统了解有关挫折的基本知识，提高挫折意识，自觉地增强应对挫折的心理承受能力。

虽然高等院校学生大多已步入成年，但是仍未完全脱离家庭，特别是在当今极为发达的交通和通信条件下，高等院校学生可以随时取得与家人

---

① 张俊桥、赵海英：《用心理疏导的方法矫正大学生的“挫折心理”》，《社会科学论坛》2006 年第 10 期，第 88 ~90 页。

之间的沟通和联系，并在此过程中流露心理状态和情绪变化，家人也能够始终影响到高等院校学生的思想和生活，在其心理健康教育工作中发挥作用。

家庭是孩子的第一所学校，家庭教育是孩子成长的第一课堂，在培养孩子的独立生活能力、磨炼坚强的意志品质、教育孩子如何克服困难、如何看待失败、如何承受挫折等方面，都发挥着重要的作用。家长是孩子的第一任老师，应当义无反顾承担起对孩子的挫折教育。首先，应当从小开始，利用古代名人和现代楷模冲出逆境取得成功的故事以及孩子熟悉的身边事，帮助孩子形成正确的挫折认知；在生活中有意识地创设一些情境和机会，让孩子接触挫折、经历挫折，提高对挫折的承受能力。

其次，应当具备正确的家庭教育理念。一是树立正确的教育观。家长要注意孩子德、智、体、美、劳全面发展，应该注意对孩子健康人格的培养。不溺爱不苛刻，培养孩子乐观稳定的情绪、坚韧不拔的意志、开朗坦诚的性格，以及如何进行人际交往、调整情绪、抗挫折等能力，使其在遇到困难和失败时，有足够的心理承受力与排除困难的勇气和毅力。二是确立正确的成才观。家长应该根据孩子的兴趣、爱好和志向确定其学习目标，使孩子确立切实可行、立足自我的奋斗目标，获得立足社会的真才实学。三是树立正确的成败观。正确的成败观是把失败或成功转化为再奋斗的动力的良好思想准备。家长要教育孩子树立正确的成败观，在失败和挫折面前不气馁、不灰心。家长应该允许孩子失败，并在失败中热情帮助孩子总结教训，建立适度的期望水平，鼓励孩子在挫折中奋起。人的一生需要经历多次磨难、失败、挫折，才能成功。

心理健康的协同教育是一项涉及范围较广的系统工程，也是挫折教育工作取得发展和实效的必由之路。高等院校学生的心理健康教育工作必须树立起协同育人的基本理念，建立起科学的三方联动的挫折教育制度，持续拓展和发展协同育人的内容和手段，并通过丰富的教育载体实现。

第三节　“大思政”背景下高等院校学生的挫折教育

课程思政是对培养什么人、怎样培养人、为谁培养人等一系列问题的根本回答，也是落实立德树人的重要途径之一。党的十八大以来，在习近平总书记关于教育重要论述的指导下，全国各高等院校对课程思政建设进行了更广领域、更深层次的探索与思考，专业课程与思政课程相互融合获得更大发展空间、协同效应发挥更加充分。“大思政”背景下，要在教学过程中实现思政要素的潜移默化、有机融入、润物无声，课程思政与思政课程、思政教育与专业教学形成协同合力，从而使高等院校更好地、真正地落实立德树人任务。

一、课程思政的构建背景与原则

2014 年，上海市委、市政府最早提出“课程思政”一词，这是有助于学生全面发展的一种课程观、一种教育理念，要求教师深挖专业知识中的德育元素，在课程中有机融入信念塑造、价值引领的内容。2016 年 12 月，习近平总书记在全国高等院校思想政治工作会议上的重要讲话，开启了高等院校课程思政化改革。2020 年，教育部印发《高等学校课程思政建设指导纲要》，让所有高等院校、所有教师、所有课程都承担育人责任。经过不断努力，已经逐渐形成一套具有时代性、高价值的思想政治教育理念与形式，即“课程思政”模式。

“课程思政”不是把所有的公共课和专业课取而代之，而是一种价值观的导向。任课教师的主要精力还是要放在自己任教的课程上，但是在做好专业知识教学的同时，还要自觉地做好育人工作，创造全员育人、全方位育人的思政教育氛围。“课程思政”可以将思想政治教育与所有知识、教学过程中各个环节相互渗透，达到工具理性和价值理论的统一。

课程思政的建设必须要体现时代性，建设方向一定要清晰明确。首先，必须以坚持马克思主义理论的指导为前提；其次，教育的具体内容要与时俱进，适应信息时代的变化；最后，教育方式方法要采取创新进取的先进形式，让学生喜闻乐见、愿听爱学。在此基础上，课程思政建设还要在四个方向上寻求新的突破，即广度、深度、协同化和系统化。例如，通过运用网络平台、校园文化资源和专业典型案例，丰富课程思政的实现形式，推动课程思政全方位、深层次育人，实现虚拟环境育人、现实环境育人等多重效果。

二、课程思政中挫折教育的探索

教育的本质是培养人的活动。培养什么人，是教育的首要问题。我们的教育必须把培养德智体美劳全面发展的社会主义建设者和接班人作为根本任务。全面贯彻新时代党的教育方针，要求高等院校必须落实立德树人根本任务。课程思政理念认为，所有课程都应该在其展开过程中，结合课程与学生实际，恰当地进行思想政治教育，更有效地支持立德树人根本任务。任何课程教学都负有德育责任，课程思政能充分发挥课程的德育功能，挖掘专业课程中蕴含的文化认同和时代精神，在知识学习或技能训练时给学生以精神指引，潜移默化地对学生进行思想观念和意志品质的引导和塑造。针对高等院校学生的常见问题，课程思政一定要涵盖心理健康教育，而心理健康教育必须侧重挫折教育。挫折教育在课程思政中的体现是一种有效的常态化、立体化教育手段，使学生能够始终处于积极健康人生的态度指引下，悦纳自己、接纳他人，更客观地看待困难和更妥善地应对挫折。

三、课程思政中挫折教育的目标

（一）课程思政中挫折教育目标点设置为以德为先

加强学生理想信念教育，加强新时代中国特色社会主义宣传教育，引导学生以去恶向善、修身养性、追求高尚为要。当代中国，教育理论和实践与时俱进，并有新发展，社会主义核心价值观是作为一种大德——国家的德、社会的德、个人的德，融入学生的德育教育，成为课程思政的必要内涵。中国优秀传统文化中丰富的哲学思想、人文精神、教化思想、道德理念等，可以成为培养学生正确挫折认知的理论源头。

（二）课程思政中挫折教育目标点设置为追求完整人格

引导学生正确认知无论学习研究什么专业、从事什么职业，无论专业水平、职业技能达到什么高度，若没有健康的思想和心理、优良的品德，都不可能身心健全、人格完整、人生完美。有学者将智慧力、道德力和意志力定义为完整人格的三个要素，高等院校学生的人格培养也要据此开展。专业课程的学习有效提升了学生的智慧，而在其中加入思政要素则是促进其道德力和意志力发展的重要途径。通过课程思政的教学方法，学生思想境界和道德水准得到增强，能够以更开阔的视野和格局看待社会和生活，更理性地思考和认识学业、就业和情感等方面的各种问题，在各种事情面前不再钻牛角尖。意志力的提升也是课程思政教育的目标，敢于面对困难、不畏惧挑战的坚毅性格会使学生增强抵抗挫折的能力，保持身心健康发展。

（三）课程思政中挫折教育目标点设置为倡导家国情怀

习近平总书记在党的二十大报告中说："弘扬以伟大建党精神为源头的中国共产党人精神谱系，用好红色资源，深入开展社会主义核心价值观宣传教育，深化爱国主义、集体主义、社会主义教育，着力培养担当民族复兴大任的时代新人。"① 教育学生有"先天下之忧而忧，后天下之乐而乐"的襟怀，"些小吾曹州县吏，一枝一叶总关情"的情怀，"我自横刀向天笑，去留肝胆两昆仑"的壮怀，让伟大民族精神中仁厚博大、可贵感人的家国情怀成为学生战胜挫折、踔厉奋发的精神动力。

第四节　高等院校学生的生命观教育

生命通常被认为具有物质生命和精神生命两个方面的含义。物质生命表现为生物活着的一种状态，恩格斯曾经将生命表述为其是蛋白体正常的存在方式，此种存在方式的主体因素在于与其周围的外部自然界的新陈代谢。精神生命指在个体生命活动中的表现及对社会生活的促进作用。生命是个体进行一切社会活动的前提和基本物质保障，而个体对于生命的态度

① 习近平：《高举中国特色社会主义伟大旗帜　为全面建设社会主义现代化国家而团结奋斗：在中国共产党第二十次全国代表大会上的报告》，人民出版社2022年版，第44页。

和对于生命意义的理解，也极大地影响着其在各种自然和社会活动中的行为。要充分体现生命的价值，必须建立积极科学的生命观。

一、生命观教育概述

“观”是观点和看法的意思，生命观也就是个体对于生命的理解，对生命价值的观点以及对生死问题的看法。对于生命过程和生命意义形成科学的认知，是人类以正确方式参会社会活动、体现人生价值的重要前提。生命观教育则是科学形成个体对生命问题认知的重要手段，通过对生命理论问题的剖析和生命实践活动的体验，使之形成对自己和他人生命意义的正确认知，并通过具体活动表现出其对生命价值的态度。

生命观的理论基础来源较为广泛，古今中外的很多思想都对生命观的发展产生了巨大影响。这些思想体系虽然在理解和阐述上各有不同，但都表达了生命的意义不只是其自然属性，更重要的是践行其社会价值。

在古代西方的思想体系中，希腊哲学家苏格拉底就提出了自然物质是构成生命的重要因素但不是生命产生的原因的思想。他认为生命的产生是因为“善”的意识，强调在探寻人类生命为何会存在时，不应从外界物质世界间接地寻找存在理由，而应更多地从人生价值、人生意义和人生目标等角度审视和理解人类生命的问题。

中国古代的儒家思想使用了“天人合一”的理念解释什么是生命，将生命的本质异化给了“天”，认为天理与人的本性是一致的，“上天有好生之德”“仁义礼智信”等属于天理，因此生命是一种道德存在，个体也要在社会活动中实现自己的道德价值。

马克思主义生命观科学地阐释了生命的含义，提出人的生命是自然性、社会性和精神性的统一。人性就是由自然属性、社会属性、精神属性所构成的有机系统，为每一个生命个体内在地具有，并在实践中形成和表现出来。人之所以为人的根本原因是其社会实践，只有在实践中，人所具有的这三种属性才能实现统一。人的生命价值核心是其社会价值的实现，在推动社会进步和社会发展的劳动实践中，人的生命意义得以彰显。

二、生命观教育对高等院校学生挫折教育的意义

生命主体性、生活价值和生命意义是生命观教育的重要组成部分，这些内容对于个体建立正确的生命认知、处理好人与社会的关系以及充分实现人生价值具有重要意义。

高等院校的学生对生命本质和生活意义的理解还不透彻，更容易在社会活动中产生困惑。生命观教育可以增强学生对生命属性的认知，使其建立更为正确的人生观，消除在生活意义问题上的困惑。特别是面对困境时，生命观教育能够帮助其更理性地进行思考，在更高的意义上衡量生命的价值，帮助其战胜眼前的困难，走出困境，避免极端问题的出现。因此，在高等院校学生的挫折教育中引入生命观教育的内容，是具有重要意义的。

（一）形成对生命概念的理解

生命主体性是生命观教育的重要内容之一，可以帮助高等院校学生形成正确的生命自觉意识，真正理解生命的概念，同时树立主体人格。对生命产生、存在和发展等客观问题的探讨，有助于学生形成正确的生命认知、生命价值和生命情感。

在了解生命起源、出生、成长、成熟、衰老、死亡等自然现象的基础

上，学生会更加理解生命的必然性、偶然性和不可逆性，更加敬畏和珍惜生命。同时，学生也会体会到在其成长过程中家长、老师和社会各方面的付出，形成感恩之心，在做出决定之前更多地考虑到他人的感受。

生命观教育会使学生明确生命的价值，体会到活着本身就是生命最大的价值，同时要在社会实践中升华人生价值，对生命赋予更多的尊重、爱惜等积极情感。充分理解生命概念，有助于高等院校学生树立主体性人格。主体性是人在与客体相互作用中得到发展的自觉、自主、能动和创造的特性，是人性中最集中体现人的本质的部分，是人性精华之所在。高等院校学生要在理解生命的过程中认识自我、接纳自我和改变自我，增强自身的主体性能力。通过主体性能力的培养，高等院校学生能够更加正确地看待生命、看待得失、看待挫折，不断增强认识、适应和改造客观环境的能力，在思想认识和行动表现上，有效提升对挫折情境的认知和应对能力。

生命观教育会使高等院校学生更深入地理解生命的概念，更客观地看待生活中所经历的各种问题。有助于学生建立乐观、积极、健康的主体性人格，使其在对人对事的过程中，始终保持开阔的胸襟和坚定的意志。

（二）提升对生命价值的认知

生命价值是人对生命质量的衡量标准，体现了个体对生命意义的理解。有的人只是将生命价值建立在个人物质和情感体验基础上，将财富、地位等作为定位人生价值的唯一标准，曲解了生命价值的原本含义。生命观教育可以提升高等院校学生对生命价值的认知观念，使其树立正确的幸福观。

个体的生命追求不同，其对幸福的理解也不同。有的人把幸福建立在物质生活满足的基础上，过分看重金钱，贪图享乐。也有的人过分在乎荣誉和虚名，将个人在仕途上的晋升和名望地位的取得作为人生的唯一目标，认为只有在此方面取得成就才会得到他人的关注和尊敬，实现人生价值。这些不科学的幸福观没有深入思考生命的深层次含义，无法将个人幸福与社会幸福统一起来。

在这些幸福观的驱动下，高等院校学生的财富观、消费观和交际观等都会受到影响，走向误区。在对待财富问题上，过度看重金钱和个人利益，会使学生在财富的认知和财富的获取手段上出现错误。有的学生认为有钱是值得尊重和炫耀的，而贫穷则是可耻和自卑的，这种错误认知会使一些生活条件相对一般的学生在与其他同学的比较中出现自卑的感觉，甚至在一些情境中感受到明显的挫折，出现自身情绪的抑郁、焦虑或对他人的敌视、报复心理。不正确的认知还会扭曲学生的财富获取观，为了得到金钱和利益可以不择手段，甚至不惜触碰法律和道德底线，而这种非理性的财富获取观也更容易使其遭遇挫折。在消费观方面，认为生命的价值就是及时行乐、享受人生，过度地追求物质生活质量，凡事以满足自己的欲望为出发点，攀比消费、过度消费，当自身的消费欲望得不到满足时，就会出现心理上的挫折反应。在不正确的生命价值观影响下，高等院校学生的交际观也会变得消极和功利，为了实现个人对金钱和地位的追求，其交往动机出现问题，出现对权贵的阿谀奉承、曲意逢迎，在人际交往中不能保持友爱、真诚、尊重和互助的正确态度，无法建立人与人之间单纯和持久的交往关系。

通过生命观教育，高等院校学生能够树立正确的幸福观，更科学地看待财富、消费和交往等现实问题，不拘泥于眼前的利益和欲望，降低因个人得失对心理产生的负面影响，在更高的层面实现生命价值。

（三）增强对生命个体的珍爱

生命是人类一切活动的前提和基础，没有了物质生命的存在，人的一切感受和活动就无从谈起，因此，在实现生命社会价值的过程中，个体首先要做到对自身和他人生命的珍爱。生命观教育使人认识到生命的来之不易，一个生命的形成过程中有太多的不确定性，个体能够来到人世间是自然、生物、社会和个体等多因素共同作用的结果，任何一个因素出现轻微的变化，生命的形成就可能被错过。生命在成长发展过程中仍然要历经各种困难和考验，生命也是在不断的磨砺中走向成熟和完善的。

对于高等院校学生，生命观教育可以使其更加深刻地认识到物质生命产生和发展过程的本质，形成对自身和他人生命的敬畏之心。生命观教育还会使高等院校学生理解生命并不是属于个体自身的，每个人的生命都与家人、朋友、同事和社会密切关联，个体要学会感恩，通过更好地体现生命价值回报深爱自己的家人和朋友，回馈国家和社会。通过生命观教育，高等院校学生会更加深刻认识到生命发展过程中会体验到欢乐和幸福，但也一定存在困难和挫折。无论风吹雨打、喜怒哀乐，个体都应该学会坚强，理性看待困难；面对挫折，任何人都没有权利浪费和伤害自己的生命，也要充分尊重他人的生命。

三、高等院校学生生命观存在的问题

由于我国对高等院校学生思想政治教育工作的重视，目前高等院校学生的生命观发展情况整体较好，学生对于生命的起源和物质生命的本质基本了解，大部分学生表现出对生命的热爱和对实现生命价值的渴望及追求，生命观较为积极。但受到年龄阶段、思维方式及外界环境的影响，在高等院校学生的生命观教育过程中也出现了一些问题，这些问题会影响到高等院校学生生命态度和生命价值观的形成，也会引起高等院校学生在一些挫折情境中的心理和行为表现，需要引起关注和重视。

（一）生命意识淡薄

虽然高等院校学生对于生命问题普遍具有一定的敬畏之心，但也有相当一部分学生生命意识淡薄，表现为不珍惜自身生命、不尊重他人生命和漠视生命价值等方面。

1. 不珍惜自身生命

有研究人员对高等院校在校学生对于自杀等放弃生命行为的看法进行了一项调查，58.2%的大学生认为这是一种对自己、对家人极不负责任的行为，21.7%的大学生认为是对生命的轻视、不可取，8.9%的大学生认为每个人都有处置自己生命的权利，11.2%的大学生认为这是一种摆脱痛苦的方式。在调查结果中，虽然大部分学生表现出对大学生自杀行为的不认可和反对态度，但仍有20%左右的学生表现出了对自杀问题的理解甚至支持，高等院校学生中对于结束生命问题的错误认知必须引起关注。[1] 在高等院校中，当学生遭遇挫折时，选择以自杀方式结束生命的案件时有发生，也经常有学生因为情感、学业等方面的挫折对自己做出伤害行为。

2. 不尊重他人生命

高等院校学生受到的思想影响和冲击比较多元，特别是作为网络社会的原住民，当前高等院校学生更容易受到网络文化和意识的影响。网络上既有积极向上的文化形式，也充斥着一些色情、暴力的不健康元素，

---

① 王颖：《大学生生命观教育研究》，辽宁大学2017年博士学位论文。

会对学生的生命观念和认知产生不良影响。一些存在边缘性和变态性人格的学生，在不良文化的刺激下，更激发了其不尊重生命的行为表现，如 2024 年引起热议的高等院校学生徐某虐猫的事件，就体现了该学生对于生命的漠视和不尊重，虽然该学生已经为其行为付出了代价，先后被多所高等院校拒录攻读硕士学位，但其表现出的心理问题更应得到重视。在遭遇挫折事件后，不做好心理建设，不积极寻求解决方法，而是一味地抱怨和发泄不满，伤害他人的情况也在高等院校中时有发生。从伤害甚至杀害室友、同学，到某职业技术学院学生因考试不及格产生挫折情绪，在校内开车冲撞行人致多人死伤的事件，都说明需要重视高等院校学生生命观教育。

3. 漠视生命价值

对于他人生命价值的漠视，缺少敬畏和感恩之心，也是高等院校学生心理存在的问题之一。2010 年，由多所高等院校的 18 名学生组成的登山队在黄山迷路遇险，救援人员张宁海在搜救时不幸遇难殉职，而被救的学生却表现冷漠，缺少对他人生命的敬畏和对他人付出的感激。2015 年，大学生吴谢宇杀害亲生母亲一案更是引发了人们对家庭教育、心理教育和生命教育的反思。家庭和社会在高等院校学生成长过程中过分关注其学业成绩，而忽视了对其进行最基本的人性教育，导致部分学生对他人生命价值的漠视。

（二）生命价值模糊

明确的生命价值会对个体生活形成有力支撑，在实现生命价值的过程中，人们能获得巨大的成就感和满足感。但目前仍有许多高等院校学生的生命价值模糊，主要表现在缺少生命价值引领、生命价值偏差等问题上。

1. 缺少生命价值引领

如果失去了明确的生命价值，高等院校学生就容易陷入思想困境，出现生活目标的迷失，对待学习和生活缺乏热情。缺少生命价值引领是在高等院校学生中较为常见的现象。许多学生在进入高等院校后并没有认真思考过生命价值问题，没有明确的人生规划，缺少积极的人生追求，不明白学习的目的和意义是什么。因此，一部分学生表现出对学业敷衍了事的态度，没有将时间和精力充分投入到自我提升之中。在思想上，这部分学生也较为空虚和迷茫，每天靠网络和游戏打发时光，不能展现出青年人应有的朝气蓬勃。在一项关于“日常生活中能否做到关爱弱势群体”的调查中，42.8%的学生选择“能”，48.1%的学生选择“有时能”，6.8%的学生选择“不大能”，甚至还有2.1%的学生选择“不能”，有接近10%的高等院校学生表现出对他人不关心的态度，这很大程度上是没有正确的生命价值观引领、对人对事漠不关心、缺少对生活应有热情的结果。

2. 生命价值偏差

高等院校中还存在一些生命价值偏差的学生。有的学生简单地将生命价值与财富、地位和个人利益联系起来，将学习看作自己通向金钱和权力的途径，而没有建立起通过学习奉献社会的思想。虽然在学校内能看到很多埋头苦学、孜孜不倦的学生，但一部分人并没有在汲取知识的过程中体会到应有的快乐，因为收获知识并不是其真正的生命价值，仅是其实现自身利益的手段。在追求高学历、高分数和各种荣誉的过程中，这些学生也会感受到巨大的压力，一旦没能达到预定目标，就会出现巨大的挫折感。

（三）生命主体意识缺失

生命的主体性是指个体在对自身生命感知的基础上形成的对自我生命

存在的肯定和生命自由意志的确认。生命的主体意识是个体独立性、责任感和诚信度等自由意识产生和发展的根本动力，而一部分高等院校学生表现出生命主体意识缺失的问题，导致其独立性、责任感和诚信度等自由意识的弱化。

1. 独立性较差

独立性较差已经成为目前高等院校学生中普遍存在的现象，这种现象的产生源于学生成长阶段对家长形成的依赖性。在高等院校学生的成长过程中，家长几乎为其包办了一切生活问题，造成的结果就是其生活自理能力的不足。高等院校学生自己动手解决生活问题的能力较差，生活常识普遍缺乏。独立性较差的现象不仅表现在生活方面的自理和自立，还包括高等院校学生独立思考、独立应对和解决问题方面的能力。遇到事情无法独立决断的现象在高等院校学生中并不少见，许多学生在选择面前优柔寡断，遇事随波逐流，缺少自主意识。独立性的缺乏直接导致高等院校学生抗压能力弱，在困难和问题面前茫然无措，无法有效化解难题，从而产生挫折感。

2. 责任感不强

对自身和他人缺乏责任感是生命主体性缺失的又一表现。有一些高等院校学生的责任感不强，不但缺少必要的社会责任，甚至对自身发展也极不负责。在高等院校中，经常能看到一些对自己要求不严格的学生，在学业问题上表现出消极态度：逃课作弊，上课“摸鱼”，荒废学业。在日常生活中，其也不关注自身的身心健康。一些高等院校学生通宵玩游戏、上网，沉溺于抽烟、酗酒等不良嗜好，生活没有规律和节制，每天浑浑噩噩，虚度光阴。还有少数高等院校学生缺乏公德意识，不注意自己在公众场合的行为举止，缺少社会责任，没有展现新时代高等院校学生应有的良好品质和风貌。

3. 诚信度减弱

诚信是最为重要的道德规范，是个体参与社会活动的基础准则，也是每名高等院校学生需要保持和发扬的传统美德。但在目前的高等院校学生中，却经常能看到一些不诚信的行为和现象。考试作弊、骗取助学金和助学贷款、虚报成绩和荣誉获取奖学金等行为时有发生。与同学和他人交往过程中，经常出现自吹自擂，夸大其词，言行不一的表现。特别是在网络虚拟环境中，一些学生更是不顾及诚信问题和道德底线，做出很多有损于高等院校学生形象的事情。为了获得更好的就业机会和岗位，还有一些学生编造简历和荣誉，甚至制作虚假证书。这些现象都是高等院校学生诚信度减弱的表现，既损害学生形象，又不利于其未来发展。

四、高等院校学生生命观教育的途径

高等院校学生在生命观方面存在一些实际问题，在高等院校学生中开展生命观教育非常必要。生命观教育会使高等院校学生更科学地认识生命，树立正确的生命价值，建立生命主体性意识，强化对挫折问题的理解，提升应对挫折的能力。在高等院校学生的生命观教育中，要坚持以学生为主体，通过课堂教育与体验实践结合的方式，综合运用各种手段和方法，提升教育的效果。

（一）教育教学活动中的生命观教育

高等院校中的教育教学活动是开展生命观教育的最基本途径。思想政治课、心理健康课乃至各种专业课程都为生命观教育提供了重要的平台。

思想政治课教育是对大学生进行思想教育的主阵地，而思想政治教育课的许多知识点也是生命观的重要内容，需要从生命观教育的角度去解析和引导。心理健康教育与生命观教育在目标和价值上，也具有高度关联性和一致性。二者都致力于培养大学生健全的人格，帮助大学生正确地处理人与自己、人与人、人与社会的关系，从而获得有意义的人生。此外，在一些专业课的教学中，也可以挖掘许多相关的生命观教育要素，从对生命的认知、对生命价值的理解和对生命的珍视等多个角度对学生进行指导。

（二）实践体验过程中的生命观教育

生命观教育传播的不仅是关于生命问题的理论知识，更是在进行生命智慧的启迪。理论知识可以在课堂上传授和学习，生命智慧则必须通过实践体验去体会和感受。实践是高等院校学生生命观教育的又一有效途径，高等院校要引导学生积极参与各种大学生志愿者活动、社会实践活动和创新创业工作。在这些活动中，学生能够体验到帮助他人、服务社会的成就感，在奉献的过程中感受到身心的愉悦；能够建立与他人的联系和沟通，形成生命主体性意识，在交际的过程中提升自身的能力；能够不断实现自我完善和进步，在拼搏的过程中彰显生命的价值。

（三）网络文化中的生命观正向引导

网络是高等院校学生接触最多的媒介之一，也是最为高等院校学生接受和喜爱的社交平台。网络在某种意义上已经成为高等院校学生生存方式的一部分，对其思想和行为有重要的影响。网络上虽然有一些的色情、庸俗和暴力信息，会影响到高等院校学生的价值观和性格特征，但更多的是一些积极向上、能起到正面引导作用的资源，高等院校学生的生命观教育必须重视网络文化阵地。首先要用积极先进的文化内容引领学生的思想，使之形成正确的生命价值观。同时要注意培养高等院校学生的文化辨别能力，培养其科学的价值判断力。高等院校还要强化对校园网络的监管，减少负面文化信息对学生的侵蚀。

通过高等院校学生的生命观教育，可以使学生形成更科学的生命认知，更珍视自身和他人的生命，更积极、乐观地对待自身和社会问题，对于其抗挫折能力的提升具有重要意义。高等院校也需要通过优化生命教育课程、整合师资力量等手段增强生命观教育实效，切实发挥生命观教育在高等院校学生思想引导方面的作用，在保障健康心理的基础上，提升其抗挫折能力。

第五节 互联网时代高等院校学生的挫折教育

在这个全新的数据共享的互联网时代，大学生使用互联网越来越频繁。互联网不仅成为大学生的生活工具、学习帮手，更成为影响大学生思想道德和心理健康的关键因素。

一、互联网对高等院校学生心理健康的负面影响

（一）网络消极信息引发精神焦虑

大学生正处于成长和发展的关键时期，心理和行为可塑性强，情感体验稳定性差。网络的迅速发展使得信息量充裕甚至溢出，相比于以往任何传统媒介，不良信息在互联网上的滋生蔓延更为迅速。大学生借助网络获取有利信息资源的同时，很大概率会接触各种不健康、负面的信息。面对

网络中散布的不实言论，大学生缺乏辨别真伪、获取有效信息的能力，极易受到网络文化不良观念的干扰，逐渐丧失独立思考的能力，从而感到迷茫、困惑，面对重要事情时不知所措、难以抉择，长此以往产生焦虑、不安等情绪，甚至引起人格扭曲，影响个人成长和发展。

（二）网络信息低俗导致价值观偏离

网络文化是自由、多元和开放的。网络信息传播方式的全球性、超地域性促进了各种文化之间的相互吸收、相互融合。大学生的人生观、价值观的形成在无形中受到了网络文化的影响，一些西方国家的意识形态和价值观也暗中向大学生渗透，破坏他们原有的思想、文化和价值观。如果没有得到正确的引导，大学生就会在追求新鲜刺激的心理驱使下，从网络上获取和传播各种信息。由于他们心理认知不成熟、缺乏对事物的清醒认识，很容易被网络低俗文化影响。久而久之，就会造成大学生道德意识淡化、价值判断能力弱化，从而导致主流意识形态教育作用弱化、价值观背离。

（三）网络虚拟空间造成情感迷茫

网络产生的虚拟世界为大学生提供了一种与外界交流的方式，这种交流具有广泛性、安全性和隐蔽性，人们可以在虚拟的环境中随心所欲而无须过多的约束，扮演着自己非现实的理想角色，于是互联网就成为大学生寻求情感寄托的“圣地”。大学生开始在虚拟空间结交朋友，长期沉迷虚拟网络空间会使大学生在现实生活无法正视自己的内心，无法给自己的感情定位。

通过互联网进行交流成为当代大学生主要通信方式，甚至为了避免见面沟通，在班级内部和同学交流都使用微信等方式进行。在网络上与人侃侃而谈，但在现实中很少接触，这种交友方式导致人与人之间的沟通停留在表面。长此以往，大学生会变得冷漠，产生情感障碍。

二、“互联网 +”环境下高等院校学生挫折教育探索

（一）构建心理健康教育管理平台

为了方便掌握学生信息，提高心理健康教育信息管理的效率，高等院校应该构建心理健康教育平台。在入学时建立大学生个人心理健康档案，在平台完善数据库。同时定期对学生进行心理测试，保证数据的时效性，对大学生普遍存在的心理问题进行动态分析，掌握重点学生的心理状况，及时进行疏导，对大学生进行针对性教育。

（二）加强网络信息监督和舆情管理

建设高等院校网络媒体，利用网络媒体从正确的层面引导校园舆论，引导健康网络信息传播，尊重和保护大学生言论自由，从实际出发尽可能满足学生的学习和生活需求。在班级内部建立管理小团队，加强班干部的舆情意识，准确把握学生的网络动态。教师要加强与学生之间的沟通，指导大学生如何正确地看待网络问题、理性地看待社会问题，切勿人云亦云、恶意抹黑、随意造谣，应该传递最积极最健康有益的网络信息。

（三）建立心理健康宣传和学习网站

当下大学生几乎人手一台电脑，大学生通常在网络上进行各方面知识的了解与搜集，学校可以建立属于自己的网站为大家展示有关心理健康的内容，采取科普宣传、知识竞赛等多种形式让学生更好地了解、学习心理健康知识，进行自我调节，同时可以让有想法的学生分享自己保持乐观态度的一些经验，让学生之间通过交流互相学习，相互促进。

（四）利用网络 App 开通多种教育渠道

随着互联网的普及，小红书、微博、抖音等各大软件逐渐兴起，深入大学生的学习和生活。学校在开展传统心理健康课程教育的同时，可以利用网络软件进行传播式、鼓励式教育。

1. 开通微博超话

微博的口号是“随时随地发现新鲜事”，其中汇集各种各样的社会热点。通过微博，大学生能够利用碎片化时间随时随地了解世界各地的信息，也可以随时分享自己的想法。高等院校可以注册官方微博，开通超话，发表话题，让学生在其中展开讨论，畅所欲言，大胆地发表自己的内心想法，高校以此更快地了解到学生的心理需求。

2. 发表抖音短视频

很多大学生每天“畅游”在抖音中，看各式各类的短视频。高等院校可以鼓励学生多制作发表短视频，记录自己的校园生活；学校也可以发表正能量的短视频，通过学生间的转发、观看，激发学生积极乐观的情绪，助力大学生正确“三观”的形成，更加有利于大学生的心理健康教育。

3. 建立小红书分享团队

小红书倾向于采取图文并茂的方式向大家介绍知识。对于大学生心理健康教育问题，学校可以开通小红书账号，通过心理健康教育团队收集、编辑、发表有关心理健康的文章或者影片，分享知识和经验，为学生们提供心理健康学习渠道，让学生在碎片化时间了解到关于心理健康的知识，进而实现多方位的教育目的。

第六节 “双创”教育中高等院校学生的挫折教育

自“大众创业，万众创新”的号召提出以来，加强实施大学生创新创业教育已经成为高等院校教学改革的重点任务之一，高等院校全力优化创新创业教育教学模式，不仅是提高现代化人才培养质量的主要途径，也直接决定着建设创新型国家战略目标的实现成果。新时代背景下，创新创业教育的开展，有助于提升高等院校学生的创新创业能力和综合能力，为社会输送更多具有创新思维的创新型人才，有助于缓解新时代高等院校学生的就业压力，降低因为难就业产生的焦虑感和挫折感。

一、“双创”教育概述

“双创”教育是创新创业教育的简称，是以培养具有创业基本素质和开创型个性的人才为目标，通过创建完善创新创业培育体系，打造良好创新创业环境为手段的现代教育模式。“双创”教育通过以下四个方面实现对创新创业人才的培养。

（一）创新创业意识的形成

对于高等院校学生来说，在思想上受到锐意创新、主动创业意识的启蒙，是其在日后开展创新性研究和创业性实践的前提。“双创”教育就是要通过教育和引导，使高等院校学生了解创新型人才的素质要求，掌握创新的方法，明确创业的概念和步骤，具备创新创业所需的基本知识，做好相应的思想准备。

（二）创新创业能力的提升

高等院校学生要取得创新和创业工作的成功，必须具备相应的能力。通过创新创业教育可以培养学生的创造性思维，拓展其观察和分析客观事物的广度和深度。提升学生对所处环境的认知能力，增强决策力、组织力和领导力，不断完善自身的创新创业素质，使其在创新创业工作中表现出更强的竞争力。

（三）创新创业环境的认知

由于成长过程中与社会接触较少，生活的注意力也主要集中在学业问题上，因此，高等院校学生普遍对人才需求、市场环境和创业方向等缺少认识。“双创”教育能够帮助学生实现对当前社会和行业环境的清晰认知，了解创业风险，熟悉创业模式，掌握创业策略和技巧，避免在创新创业工作中进入误区。

（四）创新创业实践的探索

“双创”教育不仅停留在理论宣教的层面，还会涉及实践性的探索环节。许多高等院校都开展了各种形式的创新创业实践活动。通过设计创业计划书、开展大学生创新创业项目训练、模拟创新创业实践活动、校企创新创业联动等多种形式，给学生亲身融入创新创业工作创造条件，以此形成学生对真实创新创业过程的体验，提前适应环境，为投入创新创业工作做好实践准备。

二、“双创”教育的发展和作用

国外的创新创业教育起源较早，1947 年，在哈佛商学院的 MBA 课程“新企业管理”中首次出现了“创业教育”的理念。20 世纪 70 年代，美国通过向大学提供财政支持的方式，开始了开展创新教育项目的试点工作。

国内高等院校的创新创业教育最早出现于20世纪末期。1998年，清华大学举办了首届创业计划大赛，开始了国内高等院校对创新创业教育的研究和探索。2015年，是我国“双创”教育发展的一个重要时间节点。李克强在给清华大学的回信中提到，“大众创业、万众创新”核心在于激发人的创造力，尤其在于激发青年的创造力，提出了创新创业工作对青年人的要求和期望。国务院办公厅也同时出台了《关于深化高等学校创新创业教育改革的实施意见》，“双创”教育工作从顶层设计层面开始谋划和部署。此后，创新创业课程和各类实践活动开始在高等院校内开设和实行，创新创业教育工作逐步走向深入。根据2020年市场监管总局登记注册的创新统计数据，从2015年高等院校创新创业工作全面实施以来，五年间共有54万余名大学生进行了自主创业，“双创”教育工作取得了一定的成绩。我国的高等院校创新创业教育工作也将会针对教育观念、教育方法、教育力量等方面的一些问题，不断进行思考和调整，力争建设更为科学实用的“双创”教育体系。通过创新创业教育，增强高等院校学生的综合素质和能力，使学生的思想意识能够根据时代发展的变化适时做出调整，适应社会发展要求。

“双创”教育在高等院校人才培养过程中显示了重要作用，有效提升了学生的综合素质和能力，促进了学生的全面发展。此外，“双创”教育还体现了重要的社会价值，在缓解高等院校学生就业压力、推动社会经济发展方面做出重要贡献。通过对学生创新创业意识和能力的培养，许多高等院校学生不再以传统的观念看待就业问题，更渴望在创业实践中实现自身价值，通过在校期间形成的良好创新创业素质，成功实现自主创业，创造出更多的就业机会，缓解了当前较为严峻的大学生就业压力。同时，国家的发展和社会的进步需要依靠创新推动，高等院校学生则是实现创新发展的持续动力，“双创”教育以创新教育为基础，锻炼了学生的创新思维和创新能力，实现了对国家发展的推动作用。

三、“双创”教育对提升高等院校学生抗挫折能力的作用

（一）开展大学生创新创业教育有利于强化学生的综合素质

中华民族的伟大复兴，人才是第一资源、创新是第一动力。高等院校应当义不容辞地为国家建设和经济发展，培养、输送大量应用型、复合型的建设者。这就要求学生具备扎实的知识技能、良好的实践能力、创新精神和心理素质，但是高等院校教育教学仍然存在“传授知识—接受知识”的传统模式，这种教育模式忽视对学生态度、人格、方法等全方位的影响，与社会实际出现脱节情况，无法体现人才培养要素的综合性。创新创业教育的内涵十分丰富，既包括“双创”的显性内容，也涵盖学生适应社会发展需求的各项关键能力品格，譬如社会责任感、抗压受挫能力等。在“双创”背景下加强实施大学生创新创业教育教学，有利于强化学生的综合素质，高等院校可以衔接社会发展实际，努力健全创新创业教育教学的机制体系、课程体系，开展富有特色的“双创”实践活动，发挥学生精力充沛、知识面广、敢打敢拼、思维灵活的优势，多层次地渗透“双创”的理念和技能，使其重品格、善沟通、能做事、会创新，从而推动大学生综合素质的全面发展。

（二）开展大学生创新创业教育有利于缓解学生的就业压力

现阶段高等院校毕业生数量仍然居高，而市场劳动需求相应减少，导致大学生的就业形势比较严峻。调查资料显示，在校大学生普遍对自主创业缺乏认识，对创新创业规划不足，对个人职业定位不准，加之就业市场的竞争十分激烈，致使其在就业过程中遇到较多的阻力。在“双创”背景下推进大学生创新创业教育教学，有利于缓解学生的就业压力。高等院校可以依托创新创业指导课，进行就业指导和职业规划教育；开设第二课堂、第三课堂，扩大学生对创新创业活动的接触面，使其具备自主创业的意识、知识和行动力，改变对创业态势不乐观的看法，这样就会有更多的大学生树立从劳动者变为创业者的信心；经历过在校期间的“双创”学习和历练，学生未来创业的成功率也会大幅提高，既解决了自身的就业问题，也能创造就业岗位，从而真正改善就业难的局面。①

第七节　高等院校建立学生心理危机干预机制

高等院校学生群体是心理危机的高发人群。他们处在青少年时期向成人初期转化的重要阶段，他们开始面临自我确认、离开家庭独立生活、人际关系、恋爱、就业等问题。心理学家霍尔称这一时期为“疾风暴雨式的动荡期”。为了帮助高等院校学生顺利度过“动荡期”，学校必须为学生提供外部精神支持系统——建立心理干预机制。

① 郑媛元：《双创背景下的大学生创新创业教育教学研究》，《学周刊》2024 年第 12 期，第 4 ~6 页。

一、心理危机及危机干预理论

（一）心理危机的定义

心理危机是指个体心理上的某种严重困境，遭遇超过其承受能力的刺激，从而陷入极度的焦虑、抑郁，并不能自控乃至不能自拔的状态。因为事件发生突然，无法利用以前处理事件的办法应对现在的境况，以致常常产生严重的后果。

（二）面对危机时的心理反应阶段

从心理学角度来看，通常人在面对危机时的心理反应都会经历四个不同的阶段。第一阶段：冲击期，在发生危机事件的一个时间段内，人会产生震惊、恐慌或不知所措等情绪。第二阶段：防御期，主观表现为希望恢复心理上的平衡，去除自身焦虑和情绪紊乱等不正常的情绪，恢复已受到损害的认识功能。但不知如何改变，会出现自我否认、处事不合理等问题。第三阶段：解决期，积极采取各种方法来接受现实，寻求各种资源努力设法解决问题。因此减轻焦虑，增加自身信心，使社会功能有所恢复。第四阶段：成长期，只有经历了危机，才能变得更成熟，当危机来临时，才有可能掌握应对危机的技巧。即便如此，依然有人在危机来临时采取消极应对方式对待出现的种种心理问题。

（三）心理危机干预理论

心理干预是在心理学理论指导下，对个体或群体的心理健康问题和行为施加策略性影响，使之发生指向预期目标的变化。心理危机干预理论对危机干预者（心理咨询员）设定了一系列的原则：要求危机干预者使当事人能及时有效地接受帮助；帮助当事人有所作为地对待危机事件并提供必要的信息；在干预过程中，必须避免怂恿当事人责备他人。干预人员还必须掌握干预的策略：及时给予精神支持；提供必要的精神宣泄；给予希望和传递乐观精神；保持良好的兴趣和积极地参与；有选择地听取和反应；尊重和理解当事人的情感；劝告、直接提出建议。

大学生心理危机干预是帮助有心理危机的大学生，随时向那些正在遭受挫折和打击，即将产生危险的思想和心理的大学生给予支持和帮助，使之身心得到解放。

二、心理危机干预机制的建立

学校心理危机干预是指建立在学校教育和学校管理基础上的心理危机干预。学校教育方面除了常规开设大学生心理健康课、设置心理健康咨询室等，还可以通过大学生喜闻乐见的形式开展教育活动。

利用学校微信公众号、校园广播站等媒体平台宣传心理健康知识、保持健康心理的方法；定期组织学生观看心理健康影视剧，并组织学生共同讨论观后感；以班级为单位，通过班会的形式组织学生开展心理健康知识竞赛，了解积极健康的心理状态以及出现心理危机时应当如何解决等。这些方法可以在一定程度上为学生普及心理健康知识，帮助学生了解当自己遇到心理难题时应当如何采取正确的方法和积极的心态去面对困难、解决问题。

学校管理方面的心理干预机制包括两个步骤。

首先是建立前摄性干预制度。前摄性干预制度是在问题发生之前，预想可能发生问题时即展开心理干预，以预防问题产生；或者当问题处于萌芽状态时，便及时提供心理干预，以避免问题的发展和恶化。针对刚入校新生开展心理问题的入学测试。面向新生的入学测试和心理干预准备工作可以有效了解新生中可能存在的潜在心理问题，并制定有针对性的心理干预预案。这样做便于对学生的心理状况提前了解，为日后持续观察、及时解决打下基础。建立以学生为中心的心理档案库，可以帮助学校对本校学生中的心理问题做到早发现、早干预、早解决，鼓励大学生积极正确地面对自身和同学中可能存在的心理难题。

其次是设置心理危机干预机构。这个机构包括校领导—院系领导—团委、学生处—保卫处、后勤处—校医院、心理咨询中心。设立心理咨询值班制度和热线电话，使处于心理危机状态的学生能及时得到救助。开展经常性的心理咨询服务活动和心理健康教育，还要与处于危机状态的学生家庭保持联系，使家庭及时介入危机处理之中，使学生能顺利度过心理危机的高发时期。①

教育实践的不断创新和发展给高等院校挫折教育工作提供了新的思路和途径，人生观教育、创新创业教育和课程思政等新的教育理念和模式都能够成为开展高等院校学生挫折教育的新平台。高等院校的挫折教育工作要紧随时代发展，结合新的教育理念和模式，探索将挫折教育与之进行有效融合的方法，不断地拓宽挫折教育的实施路径，将挫折教育工作渗入到高等院校人才培养的各个环节，使学生的思想观念、意志品质和心理素质等方面不断得到提高，切实增强当代高等院校学生应对挫折的能力。

---

① 马坤：《当代大学生的心理危机干预》，《思想教育研究》2009 年第 A1 期，第 144 ~ 146 页。

结　语

生活中不只有阳光鲜花，必定会遭遇狂风暴雨，挫折是每个人都不可避免会遇到和面对的。挫折是一把双刃剑，以科学的认知和积极的心理面对挫折时，不但能更有效地化解难题走出困境，还会磨炼意志品质，提升应对能力，为实现更高的人生目标夯实基础；但对于一些无法正确理解事物发展客观规律、不能承受挫折压力的个体，挫折就会成为其成长发展过程中的绊脚石，容易被困境击倒打垮，给自身带来短期或长久的影响和伤害。

作为国家未来建设和社会发展的根本力量，高等院校学生的抗挫折能力表现应该得到充分关注，高等院校的挫折教育工作也必须引起高度重视。高等院校的挫折教育工作要结合高等院校学生的心理特征和其所处的现实环境特点，准确分析高等院校学生的挫折来源，并结合当前高等教育实践的发展，拓展对学生开展挫折教育的途径和方法，使高等院校学生在面临困境和难题时，展现出更为良好的抗挫折能力，在每一次应对挫折的过程中实现心理和能力方面的自我提升，在挫折中不断得到锻炼和提高。

随着高等院校对挫折教育工作的更加重视和对各种教育手段更为科学的运用，挫折教育必定会在高等院校学生的成长和发展过程中表现出更多的积极作用，成为高等院校学生通向成功的铺路石，助力高等院校学生不断走向成功，实现价值。